科研活动中的“过犹不及”效应

倒 U 型现象初探

| 岳婷　杨立英⊙著

清華大學出版社
北京

内 容 简 介

“过犹不及”效应在科研活动中表现为倒 U 型现象：即结果随影响因素的增加表现出“先升后降”的特征，这给科研政策的制定提出了一定的挑战。现有科学学研究对倒 U 型现象的研究缺乏系统性和全面性。本书聚焦于科研活动中倒 U 型现象的形成机制，主要研究内容包括：对科研活动中已发现的倒 U 型现象及其解释理论进行全面、系统的梳理；构建一套科研生态系统，将科研活动元素有机地组织起来，用于定位可能发生倒 U 型现象的科研活动元素；借鉴社会系统中倒 U 型现象的解释，提出科研活动中倒 U 型现象的形成机制模型，并应用这一模型，甄别出 4 种新的倒 U 型现象，为相关科研政策提供证据支撑。

图书在版编目（CIP）数据

科研活动中的“过犹不及”效应 ：倒 U 型现象初探 / 岳婷，杨立英著. -- 北京 ：清华大学出版社，2025. 1.
(清华汇智文库). -- ISBN 978-7-302-67970-7

Ⅰ. G311

中国国家版本馆 CIP 数据核字第 2025KY3864 号

责任编辑：高晓蔚
封面设计：汉风唐韵
责任校对：宋玉莲
责任印制：丛怀宇

出版发行：清华大学出版社
网　　址：https://www.tup.com.cn，https://www.wqxuetang.com
地　　址：北京清华大学学研大厦 A 座　　**邮　　编**：100084
社 总 机：010-83470000　　**邮　　购**：010-62786544
投稿与读者服务：010-62776969，c-service@tup.tsinghua.edu.cn
质量反馈：010-62772015，zhiliang@tup.tsinghua.edu.cn
印 装 者：三河市东方印刷有限公司
经　　销：全国新华书店
开　　本：170mm×230mm　**印　　张**：11.75　**插　页**：1　**字　　数**：173 千字
版　　次：2025 年 2 月第 1 版　　**印　　次**：2025 年 2 月第1 次印刷
定　　价：120.00 元

产品编号：103918-01

序

Preface

承蒙中国科学院文献情报中心杨立英老师的邀请，就《科研活动中的“过犹不及”效应——倒U型现象初探》一书作序，感觉诚惶诚恐，因为在科学学(science of science)研究领域，杨立英老师及其团队成员长期深耕细作，研究成果颇丰，一直是我学习的榜样。但感于杨老师的信任，终于欣然接受。对于科学学这门交叉学科，我深有感触，这与本人的教育和工作经历相关。我曾相继在科学技术史、社会学、情报学三个学科专业学习，目前从事科技政策研究和高校发展规划工作。现在看来，这些经历与科学学的内涵“不谋而合”。我也庆幸自己的学习和工作内容可以归于科学学的范式之下，使得这些看似不相关的学科专业知识恰好地聚合在一起。

研读本书后，我的最大体会是，岳婷博士和杨立英老师立足科研管理中的现实问题，努力将定性理论与科学计量方法相结合，从理论模型构建，到数理逻辑描述，再到场景应用，全方位地呈现了当前科学学研究范式的新进展。回顾科学学的发展历程，我们可以发现，定性与定量研究范式的二元划分及其分野长期存在。正如卢曼(Niklas Luhmann)、默顿(Robert King Merton)、库恩(Thomas Samuel Kuhn)等著名学者的理论和观点在科学社会学界广泛传承，而计算方法和信息技术在科学计量学领域一直占据主导地位。“如何弥合定性与定量研究之间的鸿沟”也成为科学学领域学者讨论的重要议题。

笔者曾与北京大学杜建副研究员、中国科学技术发展战略研究院武夷山研究员在国际科学计量学和信息计量学学会(International Society for Scientometrics and Informetrics, ISSI)会刊《定量科学研究》(*Quantitative Science Studies*)上发表过《贝尔纳科学学思想对中国的影响及对当今量化科学学研究的启示》一文，我们从社会历史视角、理论模型、定性与定量方法、科学规划与政策研究四个方面归纳了贝尔纳的科学学思想特征。读者朋友们可以发现，本书作者不仅继承了贝尔纳开创的科学学研究传统，还吸收了数学、统计学、生态学等自然科学和经济学、社会学、管理学等社会科学的理论知识，从科研活动中的倒U型现象切入，提出了新的理论观点和研究愿景。

本书系统地梳理了科研人员、科研团队、科研合作、科研资助、科研成果等多个方面存在的倒U型现象，进而“由点及面”，从科研生态系统的全景来挖掘科研活动中倒U型现象的形成机制，甄别了科研主体和载体中尚未被识别的倒U型现象，验证了形成机制的合理性。作者在研究中展现了较为深厚的理论研究素养和较强的跨学科理解能力。

通过本书的阅读，我深感科学计量学研究越来越需要定性理论来解释和理解观察到的科学活动规律背后的机制。尤其是，在人工智能时代背景下，当数据驱动、算法创新、模型建立“热辣滚烫”的时候，我们更应该冷静地思考如何建构中国特色的科学学研究新范式，避免单一定性或定量方法使用的“过犹不及”。最后，希望从事和热爱科学学研究的朋友们可以从本书中获得启发和阅读的快感，持续关注科学活动自身的过程、结构、行为以及科学知识的生产和传播机制，跨越定性与定量研究范式之间的“无形藩篱”，不断丰富科学学研究的理论和方法，将科学学研究成果转化为科技政策制定的有力证据。

是为序。

赵勇
中国农业大学
2024年10月

前言

Foreword

“过犹不及”一词由来已久，东方文化中的“中庸之道”、英文的“too much of a good thing”等表达中都蕴含了“过犹不及”的理念。“过犹不及”的本质思想是事情要讲究适度原则，做得不够或是做过了头，结果都不好。这与常见的线性相关关系有显著区别，即事情的结果随影响因素表现出“先升后降”的特征。“过犹不及”效应具有的这种复杂特征，给个人决策及社会组织管理政策的制定带来了挑战。从科学研究的视角看，在经济学、组织行为学、管理学等领域，“过犹不及”效应——即倒U型现象的研究一直备受学者们的关注。在科研界，一些科研活动中的倒U型现象也逐渐被科学学研究者们所发现，但尚未针对该现象开展系统性的梳理和研究。

本书以科研活动中倒U型现象为研究对象，聚焦于该类型现象的形成机制研究。这一选题源自作者十余年科学学的研究积累以及长期科研决策支撑工作的实践经验。作者所从事的研究领域科学学是探索科学活动规律的科学，并在此基础上为科研决策提供支撑性的证据。近年来，科研决策精准化和科学化支撑的需求越来越高，作者深深体会到决策者除了希望了解科研活动中的现象、规律本身，更加关注于现象、规律背后的形成原因。基于此，本书以倒U型现象作为案例，对现象形成的普适性机制进行了初步的探索，试图帮助科研界对该现象有更加深入的了解，以期为科研决策提供更为科学、翔实的支撑证据。

倒U型现象普遍存在于社会系统其他领域中，在撰写本书的过程中，作者借鉴和引入了多个科学学以外领域的案例、模型，如信息学、经济学、管理学等领域的“过犹不及”效应案例的解释，帮助作者挖掘倒U型现象形成原因的共性特征；参考生态学中生态系统元素之间的关联关系，构建科研生态系统，将科研活动元素有机地组织起来……上述领域的知识、理论对作者的研究思路有很大的启发，并为本书的研究工作奠定了理论基础。

在本书研究和撰写的过程中，得到了诸多领域专家和同仁的指导和帮助，特此感谢，他们是[①]：陈云伟（中国科学院成都文献情报中心研究员）、李梦辉（中国科学院文献情报中心研究员）、马峥（中国科学技术信息研究所研究员）、童嗣超（中国科学院文献情报中心博士研究生）、沈哲思（中国科学院文献情报中心副研究员）、王洋（西安交通大学教授）、武夷山（中国科学技术信息研究所研究员）、杨国梁（中国科学院科技战略咨询研究院研究员）、曾安（北京师范大学教授）、赵勇（中国农业大学研究馆员）。由于篇幅所限，无法一一列出所有为本书做出贡献的学者名字，在此一并表示衷心感谢！

形成机制的研究是个复杂的研究问题，由于时间和精力所限，本书仅仅抛砖引玉，对科研活动中倒U型现象的形成机制进行了初步的探索，仍存在诸多不足之处，敬请读者批评指正。

① 专家名字按照姓氏拼音排序。

目录

Contents

第1章 绪论

1.1 研究背景

科学学，即科学的科学，以整个科学技术知识及其活动为研究对象，探索科学技术发展的基本规律[1]。大数据时代科研投入和产出数据的不断丰富，为科学学探索科学发展规律和演化模式提供了前所未有的机会。基于海量的科研投入产出大数据，科学学研究应用定量分析方法，在揭示科研活动特征、科学发展规律的基础上，对科学发现、科技创新、科学实践的形成机理及影响因素进行深入的解释分析，为科技政策规划提供支撑性的证据，进而更有效地推动环境、社会和技术问题的解决[2]。

1. 倒U型现象给科研决策和科学学研究带来的挑战

在已有的科学学研究中，学者们已经揭示出若干科研活动的现象及演化规律，如：科研投入的规模越大，科研产出越丰富；科学文献的数量以指数模型的形式扩张，每 15 年数量翻一番[3]。但基于文献标题和摘要提取的短语分析表明，与科学文献增长速度相比，文献中涉及的概念增长速度显著偏低，随时间呈线型增长趋势[4]。在齐普夫定律中，一个单词出现的频率与它在频率表里的排名成反比，单词的频率与它的序号之间呈“幂律”分布[5]。国家/机构科研成果产出的被引频次分布亦遵循类似的幂率分布规律（帕累托分布），80％的科研成果产出来自于 20％的国家/机构……

在上述案例中，尽管描述活动规律的量化模型（线性模型、指数模型、幂率模型等）不同，但科研活动的结果均随影响因素的增加表现出单调增加或单调减少的变化趋势。随着科学学研究对科研活动规律认识的不断加深，学者们发现科研活动中存在若干倒 U 型现象——科研活动的结果随某一影响因素的增加表现出“先升后降”的非单调变化趋势，如图 1-1 所示。

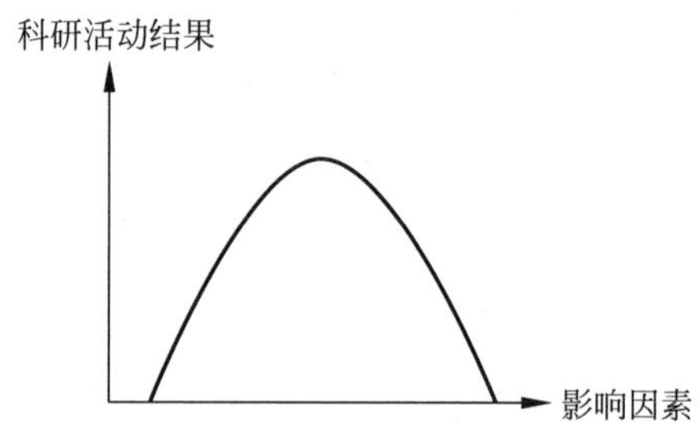

图 1-1　科研活动中倒 U 型现象示意图

科学学揭示的科研活动特征可以为解读科研活动规律、预判科研活动趋势、评估科研活动绩效，进而制定相应的科研政策提供一定的参考依据。对于结果均随影响因素单调变化的科研活动而言，解读规律、预判发展态势，进而制定相应的科研政策通常是简单易行的。例如：科研产出规模与学术影响力之间大多存在正向线性相关关系，对于国家科研系统而言，扩大科研产出规模是提升学术影响力的前提和基础。国家可以通过增加科研投入等方式，提高科技生产力，促进科研产出，进而提升科研成果的学术影响力和竞争力。

然而，倒 U 型现象“先升后降”特征表明，结果相同的科研活动，其影响因素（产生原因）可能相反。因此，对倒 U 型现象的解读和研判更加复杂，基于倒 U 型现象制定相应的科研政策时需要考虑多重因素的影响，避免片面结论引起的决策简单化。如：对于不同国家而言，科研水平与国际合作之间存在倒U型关系，科研水平偏低（如多数发展中国家）和过高的国家（如美国）国际合作均不是很强。尽管两种类型国家的国际合作表现类似，但形成这一现象的原因却相差甚远。科研水平低的国家参与国际合作较为困难，而高科研水平国家由于拥有足够的自主研究能力以及知识产权保护等原因，国际合作的意愿降低[6]。两类国家国际合作的影响因素完全不同，相应制定的国际合作政策也有所差异。

然则，倒U型现象表现出的“先升后降”变化趋势，其本质反映的是一种“过犹不及”的思想，即：一些“积极”的影响因素并非一直对结果发挥着“正向”的作用，“正向”作用存在临界点。当到达临界点时，影响因素与理想结果之间的正向关系中止，并在超过这一临界点后产生非期望的结果[7]。了解更多的倒U型现象，有助于科研界预判“过犹不及”现象带来的后果，进而通过控制影响因素，使得科研活动达到一个相对“最佳”的状态。例如：高校教职员工与企业开展合作，可以为其教学工作带来好的生源以及额外的经费，但是合作越多越有利于教学工作的开展吗？有研究表明，过度的校企合作及学术商业化会分散教职员工的精力，反而对教学产生不利影响。高校教职员工与企业合作的强度与其教学水平之间存在倒U型关系[8]。这一倒U型关系的揭示有利于高校预判和控制合作可能带来的负面影响，从而通过制定适当的校企合作相关政策，最大程度提升教学质量。

可见，倒U型现象所表现出的非单调特性，给科研政策的制定提出了新的挑战。因此，有必要对科研活动中的倒U型现象进行深刻理解和充分认识，为科研决策部门合理解读科研活动规律、精准预判科研发展态势，进而科学决策提供依据。

在理论研究的层面，描述和揭示科研活动规律的特征是科学学的主要研究内容之一。倒U型现象表现出来的“先升后降”的复杂特征同样也给科学学自身的研究工作带来了挑战。深入理解和认识倒U型现象，挖掘其本质特征，对科学学而言，是一种较为复杂的科研活动规律的探索，是科学学重要的研究问题。

2. 科研活动中倒 U 型现象形成机制研究的必要性

已有的科学学研究已经揭示出一些科研活动中的倒 U 型现象，如：科研人员年龄与论文产出数量之间的关系，研究团队的大小与团队创新之间的关系，科研论文的学科交叉性与学术影响力之间的关系等等。然而，科研系统是一个包含了科研人员、科研项目、科研成果、科研思想等元素的复杂且不断发展的自组织系统[2]，科研活动的过程涉及大量活动元素之间的相互作用，各元素的特征各异，元素之间作用关系的类型也千差万别。已有研究中揭示出的倒 U 型现象分别从不同角度揭示了一些科研活动元素某一方面的活动规律，仅仅是科研活动中该类型现象的“冰山一角”，具有很强的随机性，缺乏全面性和系统性，因而无法预判未知的倒 U 型现象。

此外，已有的部分研究中，对倒 U 型现象的形成原因进行了阐述。但现有研究中对现象的解释均以“个案”为主，缺乏普适性和推演性，不利于深刻理解该现象形成的本质原因以及内在机理。普适性机制理论的缺失，对于挖掘和预测科研活动中尚未被认识的倒 U 型现象而言比较困难。因此，现有研究对科研决策的支撑仅限于已发现的倒 U 型现象，能够提供的证据有限。

要想从庞大的科学系统中识别出更多可能发生倒 U 型现象的活动元素，甄别更多的倒 U 型现象，有必要在现有“个案”研究的基础上，挖掘科研活动中倒 U 型现象的形成机制，了解该类型现象形成的普适性规律。形成机制的研究可以为全面、系统地预测或甄别尚未被认识的倒 U 型现象提供理论方法支撑，从而为科研决策提供更加全面的参考证据。

1.2 研究问题和内容

在以上研究背景下，本书提出了如下研究问题，并确定研究内容。

1.2.1 研究问题

1. 科研活动中的倒U型的现象是怎么形成的?

现有科研活动中倒U型现象研究均是从"点"上开展,针对的研究对象不同,对现象形成原因的解释也不尽相同。作为科研活动中同类型的现象,不同的"个案"倒U型现象具有什么样"面"上的共性特征?什么样的科研活动元素之间可能存在倒U型现象?这种现象是怎么形成的?

2. 科研活动中还存在哪些倒U型现象?是否可以通过某一方法预测或甄别尚未被识别的倒U型现象?

除了已揭示的倒U型现象,科研活动中还有哪些没有被发现的倒U型现象?通过总结梳理已揭示现象的"共性"特征,是否可以预测或甄别尚未被识别的倒U型现象?

1.2.2 研究内容

基于以上研究问题,确立了本书的研究内容:从"个案"倒U型现象出发,提炼科研活动中该类型现象的"共性"特征,进而挖掘倒U型现象的普适性形成机制;在此基础上,甄别若干科研活动中尚未被识别的倒U型现象,为科研管理部门了解科研活动规律、制定相关科研政策提供参考。研究内容包括理论研究和应用研究两大部分。

1. 理论研究:挖掘科研活动中倒U型现象的形成机制(第3~5章)

由于科研活动的倒U型现象本质上是其社会功能或社会影响的体现,因此,科研主体之间互动和关联形成的科研系统可视为社会系统的子系统。本书首先在对社会系统倒U型现象解读的基础上,构建社会系统倒U型现象的形成机制模型。社会系统中倒U型现象的形成机制,揭示了该现象的普适性的形成机制和规律，为各子系统倒U型现象机制的挖掘提供了一个基础框架。科研系统是社会系统的子系统，科研活动的倒U型现象形成机制模型也可以在社会系统的机制框架的基础上进行构建(第3章)。

聚焦科研系统，挖掘科研活动中倒U型现象的形成机制依赖于对科研活动元素特征及其作用关系的深刻理解，有必要按照发生倒U型现象元素的特征，将科研活动中的元素有机地组织起来，构建一个元素关联框架。生态系统和科研系统都是广义社会系统的一部分，都是由具有一定自主能动性的个体，通过互动和关系所形成的有序的整体。生态系统的相关理论成果已成为业界共识，被广泛应用到其他领域。“生态系统”的核心理念在于系统内各元素具有不同特征，在系统中发挥了不同的作用，但又相互依存、相互制约影响，这与本研究中构建科研活动元素关联框架的目标类似。因此，本书借鉴“生态系统”的定义和关联关系，以生态系统作为类比，来构建这一关联框架，并将其命名为“科研生态系统”。科研生态系统描述了科研活动中各元素的特征及作用关系，为定位科研活动中可能发生倒U型现象的元素及潜在作用因素提供了元素基础(第4章)。

科研活动中的倒U型现象的形成机制模型是在社会系统这一现象形成机制的基础之上构建的，是社会系统形成机制与科研活动元素特征的融合。在社会系统倒U型现象形成机制(第3章)的基础上，结合科研生态系统中科研活动元素的特征及作用关系(第4章)，构建科研活动中倒U型现象的形成机制模型。并应用这一形成机制对已发现的科研活动中的倒U型现象进行解释，验证形成机制的合理性(第5章)。

2. 应用研究：甄别科研活动中尚未被识别的倒U型现象(第6章)

理论研究部分构建的倒U型现象形成机制模型，为判断科研活动中两个元素能否发生倒U型现象提供了理论依据。在应用研究部分，本书结合实践应用意义，应用上述形成机制模型，甄别若干科研活动中尚未被识别的倒U型现象，并通过数据实验再次验证形成机制的合理性。

1.3 研究意义

目前,对科研活动中倒U型现象的研究主要从不同的“个案”展开,本研究致力将各个研究中的倒U型现象视为研究整体,总结倒U型现象的共性特征,归纳到统一的理论框架下,构建倒U型现象的形成机制模型,并应用形成机制模型甄别若干尚未被识别的倒U型现象。这一研究不仅具有重要的理论意义,而且具有一定的应用价值。本书的研究意义包括以下两个方面。

1. 理论意义

(1)为甄别科研活动中的倒U型现象提供判断标准,解释倒U型现象提供理论依据

一方面,本研究的目标是挖掘科研活动中倒U型现象的形成机制,构建形成机制模型,基于模型可以判断科研活动中哪些元素之间可能存在倒U型现象。形成机制模型的提出为预测、甄别科研活动中尚未被识别的该类型现象提供了判断依据。

另一方面,科学学已有的倒U型现象研究工作中,部分研究仅对发现的现象本身进行了描述,并未对现象的形成原因进行解释。应用本研究构建的形成机制模型,可以对已发现的倒U型现象进行合理的解释,剖析其形成的原因。形成机制模型可以为解释已发现的倒U型现象提供理论依据。

(2)有利于科研界深入了解科研活动中倒U型现象的本质特征,丰富科学学描述科研活动规律的研究内容

本研究旨在基于已发现的各种倒U型现象的特征,从整体的视角出发,对“个案”现象进行“共性”特征抽取,剖析科研活动中该类型现象的普适性形成原因,构建科研活动中倒U型现象的形成机制模型。机制模型的构建有利于科研界更加深入了解科研活动中倒U型现象的本质特征。

描述和揭示科研活动规律是科学学重要的研究内容。本书以科研活动中倒U型现象（倒U型关系）为研究对象，探究该类型现象的本质特征及形成机制。较之线性关系、指数关系等其他关系而言，对倒U型关系的研究是一种较为复杂的科研活动规律的探索，丰富和拓展了科学学描述科研活动规律的研究内容。

2. 实践意义

（1）为解读和研判科研活动规律，客观评估科研活动绩效，进而有针对性制定科学合理的科研政策提供参考依据

倒U型现象“先升后降”特征表明，结果相同的科研活动，其影响因素（产生原因）可能相反。因此，对倒U型现象的解读和研判，需要系统、深入考量发生现象的活动元素之间的关系，以及多重的影响因素，在此基础上制定客观、合理的科研政策。

基于本研究构建的倒U型现象的形成机制模型，可以甄别科研活动中更多的此类型现象，为管理部门有针对性的解读、研判现象，进而制定科研政策提供参考依据，避免基于片面结论引起的决策简单化，提升科研决策的科学性。

（2）为预判科研活动的最佳状态提供证据支撑，助力科研绩效和科研活动效率的提升

对于倒U型现象而言，科研活动的结果是具有“最优”状态的，且如果将影响结果的因素控制在适中的范围内，结果即可达到“最优”状态。基于倒U型现象的形成机制模型，甄别科研活动中更多的此类型现象，能够帮助科研界预判更多科研活动的“最优”状态，了解更多导致科研活动结果“先升后降”的影响因素；并通过控制、调节这些影响因素促使科研活动结果达到“最优”状态，避免“过犹不及”带来的后果，助力科研绩效和科研活动效率的提升。

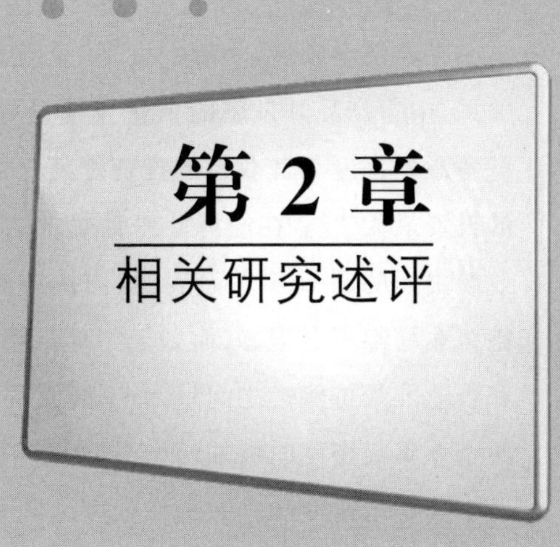

第 2 章 相关研究述评

2.1 倒 U 型现象研究概况

倒 U 型现象的研究工作起源于经济学领域。1955 年,美国经济学家西蒙·史密斯·库兹涅茨提出倒 U 型曲线(inverted U curve),又称库兹涅茨曲线(Kuznets curve)的概念[10],用于描述收入分配状况与经济发展之间的关系。在经济发展水平从最低上升到中等水平时,收入分配的均衡程度状况趋于恶化,继而随着经济的进一步发展,逐步改善,最后达到比较公平的收入分配状况。

倒 U 型曲线的概念及其相关理论研究是发展经济学中重要理论,其本质内涵是描述自变量和因变量之间的非线性、非单调的函数关系,因变量随着自变量增加表现出先增加后减少的变化趋势。倒 U 型曲线的概念提出后,经济学其他研究方向、信息学、组织行为学、心理学等领域纷纷开展了相关研究工作,发现了若干倒 U 型现象。

在经济学领域，学者们发现，企业产品的开发率和其业绩之间呈倒U型关系，中等产品开发率的企业业绩最好[11]；在无线电行业，企业面临的商业竞争激烈程度与其获得的投资之间存在倒U型关系，在适度竞争的环境获得的投资最大[12]；在经济低迷时期，供应商对联盟龙头企业的依赖性与其销售业绩之间的倒U型关系表明，当供应商对龙头企业的依赖性过高或过低时，销售业绩都不会很好，而处于中等依赖度时销售业绩最佳[13]；区域企业密度和企业准入可能性之间呈倒U型关系，企业进入特定区域的可能性最初随区域企业集聚密度的增加而上升，但随后呈下降趋势[14]；Ang的研究表明，市场企业竞争密度和企业合作强度之间呈倒U型关系，在中等市场竞争密度下企业的合作强度最高[15]。此外，企业的规模与技术许可[16]、企业的多元化战略与研发投入密度[17]、企业的市场信息获取与资源组合[18]之间均存在倒U型关系。

在信息学领域，Magni等人发现，当研究团队内部闭合性较高的情况下，团队内部成员之间的交流联系与信息的访问与使用之间存在倒U型关系[19]；Hsu等人的研究表明，微博用户信息的可获取性与微博黏性之间的关系表现为倒U型现象[20]。对于开源软件而言，初始发布的速度与用户对软件的兴趣之间存在倒U型关系，过快或过慢的发布速度，用户的下载量都不会很高[21]。此外，公民对于通信技术的信任与国家的收入水平之间[22]，工作相关社交媒体使用与员工的信息过载之间[23]均存在倒U型关系。

倒U型现象也普遍发生在组织行为学领域。Till等人发现企业CEO的年龄与企业的动态能力之间存在倒U型关系，年龄的增长会增加CEO的知识经验积累，但年龄过大的CEO保守性会增强，影响企业的动态创新[24]；张军伟、龙立荣的研究表明，领导宽恕与员工工作绩效之间存在倒U型关系，领导中等水平的宽恕最有利于提升员工的工作绩效[25]；Chen等人认为，员工感受到的挑战性压力与建言行为之间存在倒U型关系，压力过小时建言的动机不足，而压力过大时用于投入建言的资源减少会影响建言行为[26]；Dayan等人的研究揭示出研发团队的职能多元化与新产品创新之间的倒U型关系，职能多元化带来的新观点和视角能促进创新，但过度多元化团队的沟通效率会随之降低，从而对产品创新产生一定负面作用[27]。

心理学研究者们也同样发现了若干倒U型现象。乐观心态与个人表现之间存在倒U型关系，适度的乐观情绪可以增强个人信心，但过度乐观的心态会导致个人对困难的应对准备不充分，风险估计不足，从而影响个人表现[28]；Oishi等人以澳大利亚、德国和英国部分案例人群为样本，分析了生活满意度与收入水平之间的倒U型关系，即对自己的生活比较满意的人收入水平最高，而对生活不满意以及非常满意的人收入水平均相对较低[29]；Somers和Casal认为，对组织的承诺与员工报告非法和不道德行为的意图之间存在倒U型关系，在中等水平承诺下，员工有更大的能力来识别不当行为和更大的动机来质疑组织的做法[30]；Reutskaja和Hogarth发现个人可做出选择的数量与心理满意度之间存在倒U型关系[31]。

2.2 科研活动中的倒U型现象

科学学研究已经发现了若干科研活动中的倒U型现象。根据发生倒U型现象的影响因素与结果的特征，已发现的倒U型现象可归纳为以下7种类型。

2.2.1 科研人员个体特征与科研行为/绩效

科研人员的个体特征（如年龄、家庭背景、科研背景等）为其从事科研活动提供了必备的素养和条件。一些研究表明，科研人员的部分个体特征对其行为及科研绩效产生的影响并非线性，而是呈现出倒U型曲线的特征。

对于科研人员的年龄与科研产出规模之间的关系，一些研究认为两者之间满足威布尔分布[32]，呈现“双峰”现象[33]等。也有研究表明，科研人员的年龄与科研产出规模之间具有倒 U 型关系，发表论文的数量随年龄增大呈先上升后下降的发展趋势，处于职业生涯中期的科研人员产出的论文数量最多[34][35][36][37]。德语区国家经济学领域博士生毕业时间的长短和其发表论文数量之间存在倒 U 型关系[38]。Phillips 等人研究了图书馆员与其职业认同性之间的关系，发现职业年龄中期的图书馆员职业认同度最高，在职业生涯的前期和后期，职业认同度都偏低[39]。Baruffaldi 等人发现，博士生与导师的关系亲密程度与博士生发表的论文数量之间存在倒 U 型关系，与导师关系过于疏远或亲密的博士生均不会发表太多数量的论文，与导师处于中等亲密关系的博士生(如由导师科研合作者推荐的博士生)的论文产出规模最大[40]。

科研活动的本质是创造新知识的过程，科研人员自身的学科知识背景与其创新能力及影响力之间存在相关关系。Wang 等人探讨了在跨学科研究中，科研人员的知识背景多样性与其社会影响力之间的倒 U 型关系[41]；科研人员从事领域的热度与其创新能力之间存在倒 U 型关系[42]。倒 U 型关系同样发生于企业研发团队成员的技术差异性与创新能力之间[43]。

对于科研人员而言，科研经验的积累为其开展科研合作奠定了良好的基础。然而并非经验越多，科研人员在合作网络中的地位越高，两者之间的关系表现为倒 U 型曲线[44][45]。

2.2.2 科研团队规模、结构与科研绩效

有关团队规模与团队科研创新能力之间关系的研究由来已久，2019 年发表在《自然》期刊的研究认为，大团队往往因为失败代价太高而走了中庸之路，而小团队反而更容易做出“颠覆性”的创新工作[46]。但也有一些研究发现，团队规模与其科研创新性之间也存在着倒 U 型关系，团队规模越大可能带来更多的科研资源及多样化的信息和知识，有利于科研创新；但过大的团队可能存在“过程损失”，即团队交流过程容易出现交流成本过高等问题，导致无法达成最优解决方案，从而影响团队科研创新[47]。也有研究发现，科研团队的规模与其产出效率之间呈现倒 U 型关系。Perović 等人对费米实验室

的团队规模与产出效率之间的关系进行了研究，他们认为，实验室团队的规模不宜过大或过小，保持中等规模时产出效率最高[48]。

团队的成员结构也会对团队整体的科研绩效产生影响。在研发企业中，多团队成员身份（multiple team membership，MTM）是指员工在一段时间内以正式身份参与多个团队的工作状态及工作模式。团队员工同时服务于多个团队，可能涉猎多个团队知识背景、工作思路，有助于本团队创新活动的开展及生产力的提高，但 Bertolotti 等人发现，当团队成员服务于过多团队时反而不利于创新，只有员工保持适度的多团队属性时，才能有效提升团队的生产力及创新能力[49][50]。哈巍等人的研究表明，在总体人数既定的情况下，中国科学院科研辅助人员（行政管理干部、工人）的比例与全院的科研生产力之间呈现倒 U 型现象[51]。

团队的管理模式也会影响团队整体的创新性。团队成员的地位差异性对团队创新性的影响呈现“过犹不及”的倒 U 型曲线效应，过低或过高的地位差异性都会抑制团队创新性，适度的地位差异性最有利于团队创新性提升[52]。

2.2.3 科研合作与科研行为/绩效

这一主题的研究工作围绕科研人员、机构开展科研合作的广度、深度及网络地位与其科研行为、产出规模、学术创新及学术影响力之间的倒 U 型关系展开。科研人员在合作网络中的地位与其学术影响力密切相关，多项研究表明两者之间存在倒 U 型关系，中等网络中心度的科研人员产出规模及学术影响力相对较大[53][54][55][56]。在科研机构和国家层面亦表现出类似的特征，Guan 等人发现科研机构合作网络的中心度与科研产出的学术影响力之间存在倒 U 型关系，并非合作网络中心度最高的机构影响力最大[57]。Kobarg 等人的研究表明，企业的项目合作广度（合作伙伴数量）和深度（合作项目数量）与其创新程度之间存在倒 U 型关系，适度范围和深度的项目合作最有利于企业创新[58]。对于高校而言，与企业开展适当广度和深度的合作可以提升高校的科研产出规模[59]。Liang 等人对中国太阳能光伏领域合作网络中的合作伙伴数量与其专利产出数量之间的关系进行了分析，得出两者之间呈倒 U 型关系的结论[60]。

对年轻科研人员而言，在科研合作中发挥的作用与成果影响力之间存在倒 U 型关系，以第一作者发表论文过多或过少，成果的影响力均不会很高，而以第一作者身份发表适度数量的论文，才能获得最佳的学术影响力[61]。

合作网络的小世界属性与科研绩效之间也会存在倒 U 型关系。Chen 等人以 16 个国家的专利作者合作网络为基础，揭示出合作网络的小世界属性与国家的技术产出规模之间呈现倒 U 型关系，中等小世界属性的国家专利产出数量更多[62]。受科研政策影响，Zhang 等人揭示出中国科学院科研合作网络的小世界属性随时间变化的倒 U 型规律[63]。

也有研究发现了科研人员在合作网络中的“桥梁”作用与科研绩效之间的倒 U 型关系。潘文慧等人的研究表明，科研项目负责人合作网络中介中心度的高低与项目的创新性之间存在倒 U 型关系。发挥中度“桥梁”作用的负责人牵头的项目创新性最高[64]。

在社会科学领域，博士生在学期间科研合作的广泛程度与其未来从事科研工作的可能性呈倒 U 型关系。中等合作广度的博士生从事科研相关工作的概率最大[65]。

2.2.4 科研资助相关的倒 U 型现象

Packalen 等人的研究发现美国健康学会（The National Institutes of Health，NIH）资助项目观点的新颖性与资助率之间呈倒 U 型关系。NIH 资助率最高的项目观点是相对新颖的但不是最新的。NIH 的资助工作具有明显的时滞，对最新观点的资助率显著低于 7～10 年前的观点[66]。

Breschi 等人对信息与通信技术领域欧盟资助项目的参与人数与产出规模之间的关系进行了研究，研究结果揭示出两者之间的倒 U 型关系[67]。Hudson 在对英国高校科研评估（research excellence framework，REF）产出论文进行分析时发现，项目产出的论文数量随项目执行时间呈倒U型曲线变化，项目初期和接近终止期，产出论文均不会太多，项目中期时最高产[68]。

2.2.5 科研成果/学术期刊的特征与学术影响力

论文的学科交叉性与学术影响力之间的关系备受关注。一些研究认为，论文的学科交叉性能够有效促进学术影响力的提升，也有研究表明，学科交叉性并非越高越好，中等学科交叉度的论文影响力最高[69][70][71]。论文关键词的网络中心度从一定程度上可以体现关键词的热度，Guan等人揭示出，论文关键词的网络中心度和论文的学术影响力之间存在倒U型关系，由中等热度关键词组配的论文，可能会获得较高的被引频次[56]。

期刊的影响因子是表征期刊学术影响力的重要指标。由于期刊影响因子计算时间窗的特殊性，过快或过慢的引用均会对期刊的影响因子造成影响，引用期刊论文的出版时滞与期刊影响因子之间存在倒U型关系[72]。不同国家发表论文的学术影响力存在一定的差异，相应地，期刊刊载论文的国家分布与其学术影响力之间存在相关关系。Moed等人发现，学术期刊刊载论文的国家多样性与期刊影响因子之间的关系可以描述为倒U型曲线。刊载论文保持中等国家多样性的期刊可能具有更高的学术影响力，而多样性太低和太高的期刊，影响因子都不会很高[73]。

2.2.6 学科发展特征及规律

自然科学各学科的发展通常分为起步期、快速发展期、成熟期、衰落期几个阶段，处于不同发展阶段的学科科研成果产出规模不同。研究表明，科研产出规模随时间变化的曲线基本遵循倒U型曲线规律，产出论文数量的增长率由低到高再变低[74]。在国家科研体系中，各学科的布局结构与国家的科技发展政策密切相关，但总体而言，各国学科结构的均衡性均遵循“不均衡—均衡—不均衡”的演化规律，阶段性表现出倒U型曲线的特征[75]。

2.2.7 其他科研活动中的倒 U 型现象

基础科学研究和技术创新是科研活动中的两种不同形式,两者相辅相成,相互促进,协同发展。已有研究对科研人员参与技术创新对基础科学研究的影响进行了关注: Beaudry 等人发现,对基础研究为主的科研人员而言,适度参与技术创新可以提升其科研论文的产量,但过度技术创新会对基础研究产出规模造成影响[76]。对高校的科研人员而言,其专利产出数量与论文产出数量之间也存在倒 U 型关系[77]。高校学术产业化程度与教学水平之间的关系满足倒 U 型曲线规律,学术产业化程度的过高和过低均不利于教学水平的提升,适度产业化对教学水平有促进作用[8]。

张坤鑫的研究表明,地方政府注意力与环境政策执行力呈倒 U 型关系。地方政府对政策保持适度的注意力时执行力最高[78]。科研政策的执行也可能遵循类似的规律,地方科研管理部门在执行上级部门制定的科研政策时,其注意力与执行力之间存在倒 U 型关系。

此外,倒 U 型关系还普遍存在于企业的创新活动中,如企业技术距离与企业间互相学习程度[79],内外部知识融合与开放创新[80],技术重组与创新[81]等。

2.3 科研活动中解释倒 U 型现象的主要理论

在已有科研活动中的倒 U 型现象的研究中,部分研究应用若干社会学及科研活动中的相关理论对现象形成的原因进行了阐述,本小节将对这些理论进行梳理与总结。

2.3.1 优势累积—效用最大化叠加理论

优势或劣势的积累(cumulative advantage / disadvantage)是指随着时间的推移,社会成员之间在某一特征(如财富、健康或地位)上出现相互背离的系统趋势或倾向[82]。在科研活动中,典型的优势累积理论应用案例就是"马太效应"。"马太效应"的提出者莫顿认为,已经杰出的科学家的地位会不断被提高,他们在有一定科学贡献的情况下获得了不成比例的荣誉[83]。科学研究是在一定的资源支持下开展的活动,"马太效应"导致了科研人员之间资源分配的不均衡:早期成功的科研人员会获得科研界的认可,具有较高的学术声望,而声望和职业认同感可以视为科研人员资源争取的前提,为后续更好开展科研工作、产出科研成果奠定了基础。即获得了优势资源的科研人员有望产出更多更好的成果,而更多更好的科研成果有助于科研人员得到更多的认同和荣誉;相反,多数未得到优势资源的科研人员则在发表研究成果和获得承认方面处于不利地位[36][84][85][86]。

效用最大化理论源于经济学领域,该理论认为:市场主体的经济行为都有着自己的目标,并以明智的方式追求目标。个人追求的目标就是效用最大化,即个人可支配资源的约束条件下,使个人需要和愿望得到最大限度的满足[87]。对于具有不同学术声望的科研人员而言,效用最大化理论的表现不尽相同:在优势累积理论的作用下,多数得不到优势资源的科研人员不再期望争取在科研界获得回报的机会,认为在研究工作上投入大量时间是没有用的;已经拥有高声望的杰出科学家可能缺乏发表新论文的动力,因为这并不能进一步提高他们已经拥有的高声誉。因此,这些科研人员对科学研究的热情下降,不再以科研工作为自己的主要奋斗目标,而选择其他对自己来说更加具有吸引力和竞争优势的任务或工作(如行政、管理工作,成果转移转化等)。而对于已经拥有一定资源、具有一定学术声望,仍然能够看到晋升机会的年轻科研人员而言,他们可能会一直积极保持着良好的科学生产力[34]。

科研活动中的部分倒U型现象可以用上述两种理论的叠加作用来解释。

例如：在科研人员年龄与产出规模的倒U型关系中，年轻的科研人员在职业生涯初期需要通过发表论文来获得学术声望，随着其发表论文数量的增长，职业认可度逐渐提升，在“优势累积”理论的作用下，他们会争取到更多的学术资源及奖励，这些对科研人员进一步产出论文是具有积极作用的。当科研人员处于职业生涯中后期，已经产出了一定规模的科研成果，并获得了较高的学术声望，此时发表论文对于提高自己声望的作用逐渐减弱，根据“效用最大化”理论，科研人员可能转而选择其他提高自己声望的职业角色，如行政管理、成果转移转化等工作，在科学研究中投入的时间和精力相对变少，导致科研产出规模呈下降趋势[34]。此外，高校与企业合作的广度、深度与其教学水平[8]、科研人员年龄与其职业认同性[39]、高校的科研人员专利产出数量与论文产出数量等倒U型关系[76][77]，也可以看作是上述两种理论共同作用的结果。

2.3.2 最优社会资本理论

“社会资本”一词最早由Hanifan在1916年提出，他认为社会资本是社会群体或家庭中具有的亲切感、同胞情及能够获取资源、满足需求的社会关系[89]。自20世纪80年代以来，社会科学领域的科学家们从不同的维度对社会资本的概念进行了界定，在Nahapiet和Ghoshal的研究中，将社会资本定义为：从个人或社会单元所嵌入的关系网络中能够获得和衍生的实际和潜在资源的总和[90]。因此，社会资本可以看作是一种潜在价值的来源[91]。

在科研活动中，科研人员的社会资本是其在科学共同体构建的各类型学术网络所能获取的资源总和。McFadyen、曾明彬等人论述了社会资本对科研人员知识创新及产出绩效的影响。他们认为，社会资本与科研人员的科研绩效之间存在倒U型关系[92][93]。首先，社会资本增加了科研人员与网络内其他同行的联系，这些联系为其提供了更多知识交流的渠道，使得他们有可能获取更多独特信息和多样化知识。科研创新本身是知识重组、进而创造新知识的过程，具有更多社会资本的科研人员较之其他科研人员可能面临更多的知识重组机会。同时，通过与其他科研人员的联系，拥有高社会资本的科研人员可能获取更多研究所需的特定、专有资源，例如仪器、实验室、设施和数据库等，为促进科研产出提供了更多便利的条件。此外，社会资本与合作网络的地位高度相关，合作网络的中心位置可以为科学家传播自己的知识提供良好的渠道，增加了其在科学共同体中的影响力，从而有利于其发表论文，提高科研生产力[55]。

然而，对于提升科研绩效而言，社会资本并非越多越好，超过一定程度的社会资本会对知识创造和科研创新产生负面影响。首先，社会资本使用的局限性体现在人类有限的保持理性的能力，即有限的注意力[94]。过多的社会资本表明科研人员在网络中保持较高的中心度，与大量的科研人员保持联系，在注意力有限的前提下，科研人员对每个关系的关注会减少，削弱了联系的强度，交流频率下降，不利于新知识的创造。其次，拥有过多的社会资本，科研人员需要将花费大量的时间用于维护和协调构成社会资本的一系列关系，这将影响到科研人员在科研工作中的时间投入。最后，在高社会资本科学家的众多联系者中，可能遇到"拖后腿"甚至破坏科研行为的联系人，从而对科研创新产生阻碍作用[55]。综上，拥有适度社会资本对科研人员科研绩效的提升最有利。本研究将其总结为"最优社会资本理论"。

科研活动中的多数与科研合作相关的倒 U 型现象可以用最优社会资本理论来解释。例如：Badar 等人的研究中，揭示了科研人员在合作网络中的点度中心度、接近中心度与科研人员学术影响力之间的倒 U 型关系。在合作网络中，一方面，有高点度、中心度的作者具有更广泛的合作对象，能够为知识共享带来优势，进而应用这些知识加强他们的研究工作；另一方面，与更多的科研人员建立合作关系需要投入大量的时间、能量和注意力，进而影响其科研投入时间，因此过高的点度中心度会影响科研人员的研究质量。具有高度接近中心度的科研人员可获取、传播知识的速度可能更快，这些是提升科研绩效的有利因素；然而，如果一个科研人员与网络中太多人保持亲密关系，可能会遇到各种冲突的观点，从而阻碍其科研创新[53]。此外，Belkhouja 等人[54]、Rotolo 等人[55]，GuanJ 等人[56][57]的研究中合作与科研绩效之间倒 U

型关系也可以用类似的理论来解释。

2.3.3 最佳认知距离理论

“认知距离”指两个或多个个体或群体的知识、信念、价值观和心理模型之间的差异或不相似程度[95]。它是对个体或群体认知差距的衡量。企业之间/企业内部的“认知距离”是指企业之间、企业内部人员在知识、技术、认知以及信仰、价值观、规范和文化方面的差异。认知距离会影响企业之间/内部的信息共享、联合解决问题、有效沟通和协作的能力,因此对于企业创新及合作至关重要[96]。

Nooteboom 等人认为,组织的认知距离与创新绩效之间呈现倒 U 型关系,并提出了最佳认知距离的概念。认知距离的增加对组织成员之间的互动学习有积极的影响。当有不同知识和视角的人进行互动时,他们能相互刺激和帮助,为互补资源形成新颖组合提供了机会。因此,随着认知距离的增加,组织知识的创新价值会随之增加。同时,随着认知距离的增加,组织成员的吸收能力随之下降,当认知距离太大时,将妨碍成员之间的相互理解,成员不能更好地将彼此的知识吸收利用,进而影响组织的创新绩效。可见,随着认知距离的增加,组织知识的创新价值呈上升趋势,而成员之间的吸收理解能力呈下降趋势,两者之间的交互效应形成了认知距离与创新绩效之间的倒 U 型关系,适度的认知距离最有利于组织创新,这一“适度”的认知距离称为“最佳认知距离”[97]。

企业内外部知识融合与开放创新的倒 U 型关系是应用“最佳认知距离”理论进行解释的案例之一。企业进行开放式创新的必要途径是从多个外部渠道(供应商、客户等)获取知识,进而与企业内部知识相融合,增加企业的知识多样性,通过“认知距离”的增加激发新思想的碰撞促进创新。然而,接受外部知识本身并不能保证企业一定提高创新绩效。当获取的外部知识与企业内部知识差异性过大时,企业需要付出大量的认知成本去理解新知识,对新知识吸收能力呈下降趋势,反而对企业创新产生了阻碍作用。因此,企业只有找到具有适度认知距离，不妨碍彼此相互理解知识的合作伙伴，才能在合作中获取外部知识，学习新事物，从而最有利于其开放式创新[80][98]。

2.3.4 适度知识组配理论

知识创造活动在很大程度上依赖于不同知识元素的结合能力，因此知识元素的组合和融合对于知识创造至关重要[99]。而创新本质上就是知识创造的过程，即在研发或实验中对现有知识元素或新知识元素进行组合的过程，不同知识元素的组配能够促进创新活动的开展[95][100][101]。

然而，知识的组配是有极限的，并非组配越多对创新的促进作用越大。知识组配达到一定数量后，其组配价值会被耗尽。由于知识元素的复杂性和不确定性，知识的互动和组配往往具有不确定性和风险，需要大量的时间和资源来研究和测试组配的可能性。当领域内的知识已经被大量组配和使用时，组配新的知识可能具有更高的成本和风险，因此，新的知识组配往往会变得越来越困难，此时知识组配价值——即创新价值会被耗尽。可见，知识组配对创新的促进作用是存在边际效应的[102][103]。适度的知识组配最有利于创新，本研究将其总结为“适度知识组配理论”。

论文关键词的平均网络中心度与论文被引频次的倒 U 型关系可以用“适度知识组配理论”来解释。在关键词形成的知识网络中，知识元素——关键词的网络中心性体现了元素的热度，显示了该元素与其他元素的组合机会与可行性。中心度越高，热度越高，该关键词未来可能组配的机会越大，被引用的概率也会越大。因此，论文关键词网络中心度的增加可以提高论文的引用率。然而，这一中心度也并非越高越好。由于知识组配价值是有极限的，在关键词的中心度达到某一个峰值后，关键词已经耗尽了组配价值，未来可能被组配的机会将会减少，创新价值下降。对于具有过高中心度关键词的论文而言，其创新价值下降导致受关注度降低，被引频次将趋于减少。由适度网络中心度的关键词组配的论文被引频次最高[56]。

2.4 本章小结

科学学研究已经揭示出一些科研活动元素之间存在的倒U型现象，本章根据发生倒U型现象的影响因素和结果的特征，将现有现象归纳成7种类型：(1)科研人员个体特征与科研行为/绩效之间的倒U型现象；(2)科研团队规模、结构与科研绩效之间的倒U型现象；(3)科研合作与科研绩效之间的倒U型现象；(4)科研资助相关的倒U型现象；(5)科研成果/学术期刊的特征与学术影响力之间的倒U型现象；(6)学科发展特征及规律中表现出的倒U型现象；(7)其他科研活动中的倒U型现象。

在部分倒U型现象的研究中，还对现象形成的原因进行了解释。本章对研究中阐述的形成原因总结梳理成4种类型的理论：优势累积—效用最大化叠加理论、最优社会资本理论、最佳认知距离理论和适度知识组配理论。

第3章 社会系统中倒U型现象的解释

社会系统是由具有一定自主能动性的个体，通过彼此间的互动和关联所形成的系统[104]。社会系统包括经济系统、教育系统、医疗卫生系统、交通运输系统等子系统。

由于科研活动的倒U型现象本质上是其社会功能或社会影响的体现，是科研管理部门、科研人员等科研主体相互作用的结果。而科研主体之间互动和关联形成的科研系统可视为社会系统的子系统。因此，社会系统倒U型现象的解释对科研活动中该现象的形成机制挖掘具有一定的借鉴意义。

本书的第2.1小节中，对经济学、信息学等领域的倒U型现象进行了梳理，解释了经济系统、信息系统中若干倒U型现象，但并未给出适用于各种倒U型现象的合理解读。本章将在前述个案解读的基础上，探究社会系统倒U型现象的形成原因，归纳其普适性解释，在此基础上提出社会系统倒U型现象的形成机制模型。

社会系统中倒U型现象的形成机制，揭示了该现象的普适性的形成机制和规律，为各子系统倒U型现象机制的挖掘提供了一个基础框架。在此框架的基础上，通过与子系统活动元素特征相结合，可构建出适用于不同子系统倒U型现象的形成机制模型。

由于迄今尚未有研究者给出科研系统倒U型现象的普适性解释，而科研系统又是社会系统的子系统，因此，科研活动的倒 U 型现象形成机制模型也可以在社会系统的机制框架的基础上进行构建，社会系统的倒 U 型现象形成机制、普适性解释是进一步研究科研活动中倒 U 型现象的理论基础。

3.1 倒 U 型现象形成的数学描述

数学表达式可以精确和系统地描述事物之间的关系，了解倒 U 型现象的数学表达是形成机制研究的理论基础。在本研究中，将倒 U 型现象的数学表达定义为一个非单调的二次函数，即自变量和因变量的量化关系为倒 U 型关系——因变量的数值随着自变量的增加表现出“先升后降”的变化趋势。对于这一二次函数的形成原理，Haans 等人提出这样一套理论：一个倒 U 型关系由两个不是直接可见的潜在单调函数构成，这两个单调函数通过加法或乘法组合起来，从而解释自变量对因变量作用的“净效应”①，即倒 U 型关系的形成是两个潜在单调函数的叠加效应[105]。

根据这一理论，自变量 X 与因变量 Y 之间的倒 U 型关系由两个潜在函数叠加而成，本研究将这两个潜在函数的因变量 A 和 B 定义为潜在作用因素。自变量 X、因变量 Y 和潜在作用因素 A、B 之间的作用关系为：自变量 X 影响潜在作用因素 A 和 B，而 A 和 B 影响因变量 Y（如图 3-1 所示）。

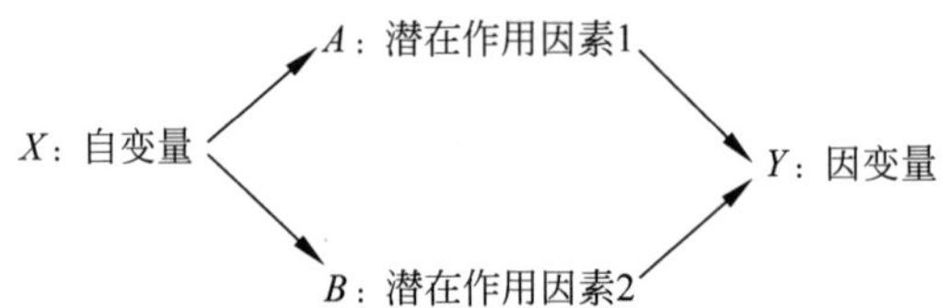

图 3-1 倒 U 型关系中自变量 X、因变量 Y 和潜在作用因素 A、B 的作用关系

注：箭头表示作用方向。

① 指一项行动、政策或其他干预措施的总体结果，同时考虑其对多个因素产生的正面和负面影响。

Haans 等人提出三组潜在函数组合的数学模型，来解释倒 U 型关系的形成原因（如图 3-2 所示）。根据潜在函数叠加方式的不同，三组模型可以归纳为两种类型：加法叠加模型和乘法叠加模型。表 3-1 总结了组合模型中自变量、因变量与潜在作用因素之间的关系（如表 3-1 所示）。

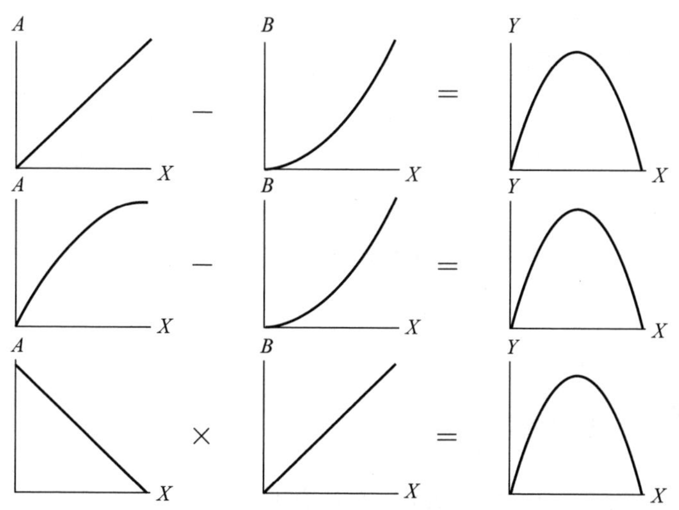

图 3-2 倒 U 型关系形成机制的数学模型[105]

表 3-1 倒 U 型关系中自变量(X)、因变量(Y)与潜在作用因素(A、B)的关系

模　　型	A 与 X 的关系	B 与 X 的关系	Y 与 A、B 的关系	Y 达到拐点的条件
加法叠加模型	单调递增函数（线性）	单调递增函数（凸函数/指数函数）	$Y=A-B$	A、B 数值差最大
	单调递增函数（凹函数/对数函数）	单调递增函数（凸函数/指数函数）	$Y=A-B$	A、B 数值差最大
乘法叠加模型	单调递减函数（线性）	单调递增函数（线性）	$Y=A\cdot B$	A、B 数值差最小

1. 加法叠加模型

- 线性增函数与凸函数的加法叠加

A、B 都是 X 的单调递增函数，A 为线性增长函数，B 为凸函数或指数函数，Y 是 A 和 B 数值的差。初始状态下，A 随 X 增加的速度高于 B，A 与 B 的数值差逐渐增大，即 Y 值呈上升趋势。然而，A 随 X 的增加保持恒定速度的增长，但 B 的数值随 X 增加呈现快速甚至指数增长，A 与 B 的数值差逐渐减少，Y 值开始下降。A 与 B 的数值差的最大值为 Y 值从上升到下降的拐点，即倒 U 型曲线的拐点。

- 凹函数与凸函数的加法叠加

A、B 都是 X 的单调递增函数，A 为凹函数或对数函数，B 为凸函数或指数函数，Y 是 A 和 B 数值的差。初始状态下，A 随 X 增加的速度高于 B，A 与 B 的数值差逐渐增大，即 Y 值呈上升趋势。然而，A 随 X 增加的速度逐渐减慢，但 B 的数值随 X 增加呈现快速甚至指数增长趋势，A 与 B 的数值差逐渐减少，Y 值开始下降。A 与 B 的数值差的最大值即为 Y 值从上升到下降的拐点，即倒 U 型曲线的拐点。

2. 乘法叠加模型

- 线性减函数与线性增函数的乘法叠加

A 是 X 的线性减函数，B 为 X 的线性增函数，Y 是 A 和 B 数值的乘积。初始状态下，A 与 B 具有一定的数值差（$A>B$），随着 X 的增加，A 值逐渐减少，B 值逐渐增大，两者的数值差减少，数值逐渐接近，A 和 B 的乘积，即 Y 值呈上升趋势。当 A 和 B 数值差达到最小时，两者乘积达到最大值，之后两者的数差重新呈增加趋势（$A<B$），相应地，A 和 B 乘积开始下降。A 与 B 乘积的最大值即为 Y 值从上升到下降的拐点，即倒 U 型曲线的拐点。

倒 U 型现象的数学表达（二次函数）是一个非单调函数，Haans 等人提出的模型将这一二次函数拆解成了两个单调函数，通过对两个单调函数叠加关系的分析，能够清晰、明确地解释倒 U 型关系中因变量“先升后降”的形成原因，以及因变量达到由升至降的“拐点”条件。这两种类型的叠加模型是本书研究倒 U 型现象形成机制的数学理论基础。

3.2 社会系统中倒U型现象的形成机制

上一小节从数学原理上解释了倒U型现象的形成原因：倒U型关系是由两个潜在单调函数叠加形成的“净效应”，叠加方式包括加法和乘法两种类型的数学模型。在实践层面上，要应用这两类数学模型解释倒U型现象，进而描述倒U型现象的普适性形成机制，需要对数学模型中的自变量X、因变量Y和潜在作用因素A和B赋予合理的含义，使数学模型具有实际应用意义。本小节将对数学模型中各变量的内涵进行界定，进而构建社会系统中倒U型现象的形成机制模型。

根据上一小节数学模型的分类，倒U型关系的函数叠加模型分为加法和乘法两种类型，相应地，加法模型对应的形成机制模型为“收益—成本”叠加效应，乘法模型对应的形成机制模型为“绩效/价值”影响因素交互效应。

3.2.1 “收益—成本”叠加效应

在微观经济学的相关理论中，企业的最终目的是实现利润最大化。其中，利润是指其全部收益与总成本之差；成本又称生产费用，是生产中所使用的各种生产要素的支出；收益则是出售产品所获得的收入[106]。

在Haans等人的研究中，应用“利润、收益、成本”的概念给3.1小节定义的加法叠加模型变量赋予了实践含义，并将加法叠加模型对应的形成机制称为“收益—成本”叠加效应。在“收益—成本”叠加效应中，倒U型现象的因变量是某种类型的“利润”，两个潜在作用因素(A、B)具有收益与成本的特点：收益指由于自变量X增加而带来的、有益于增加因变量Y的因素，成本指的是由于自变量X增加而造成因变量Y减少的另一个因素。两个因素通过代数加合计算得出“利润”[105]。

倒 U 型现象形成的机制为：在起始状态下，“收益”高于“成本”，“利润”呈上升态势；随着自变量的增加，由于“收益”的增速低于“成本”的增速，导致“收益”逐渐无法平衡“成本”，“利润”开始下降。随着自变量的增加，因变量“利润”呈现先升后降的变化，倒 U 型现象形成。图 3-3 展示了“收益—成本”叠加效应中的自变量、因变量、潜在作用因素及作用关系，图 3-4 展示了“收益—成本”叠加效应的形成机制模型（如图 3-3，图 3-4 所示）。

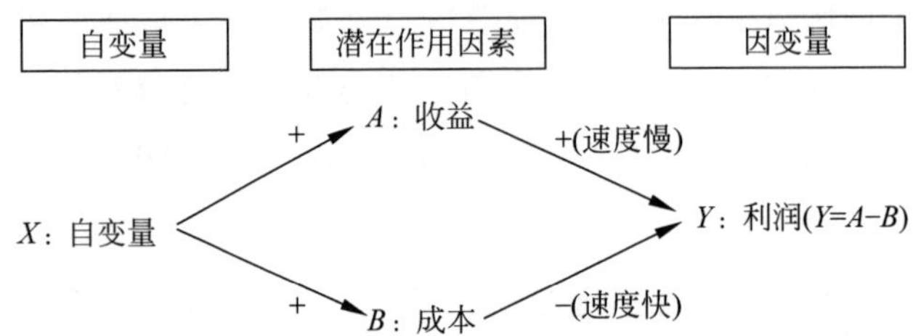

图 3-3 “收益—成本”叠加效应中的自变量、因变量和潜在作用因素及关联关系

注：箭头表示作用方向，＋表示正向作用，—表示负向作用。

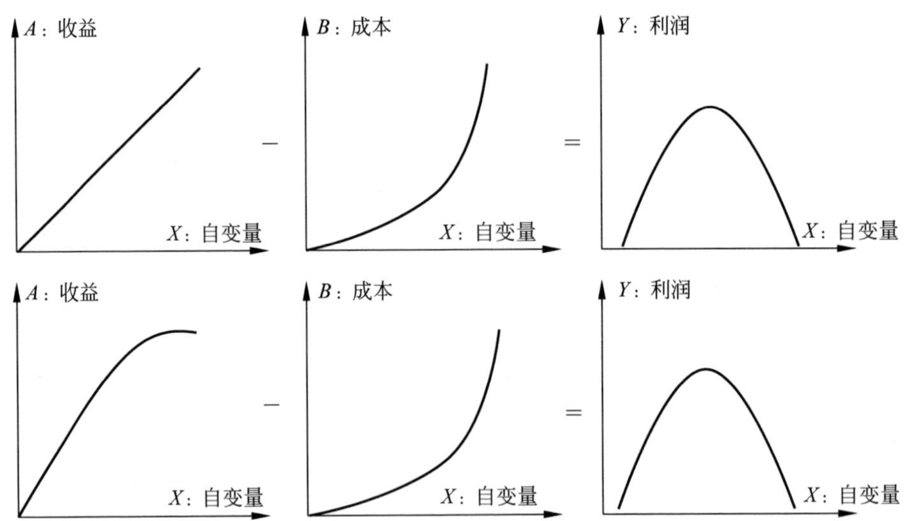

图 3-4 “收益—成本”叠加效应的形成机制模型

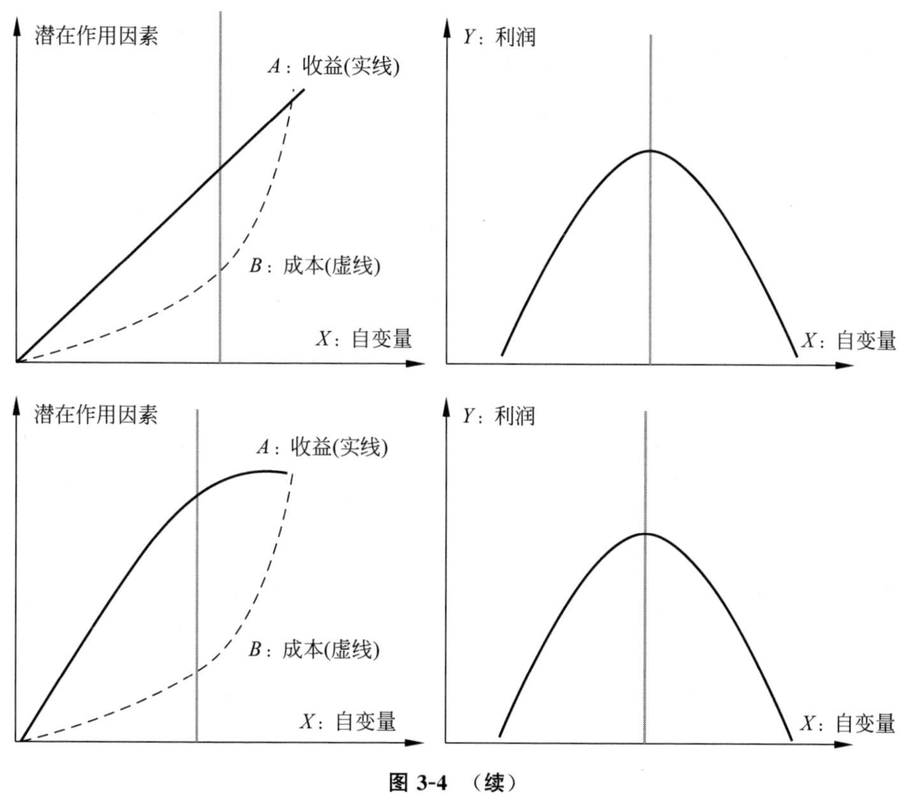

图 3-4 （续）

3.2.2 “绩效/价值”影响因素的交互效应

在实践应用中，3.1 小节的乘法叠加模型倒 U 型现象的因变量通常为主体①的“绩效”[105]或客体②的“价值”，两个潜在的作用因素 A 和 B 均为绩效/价值的正向影响因素，一种因素随自变量的增加而增加，而另一种因素随自变量的增加而减少，两种因素的作用构成一种“此消彼长”的增减交互效应，从而形成了自变量与因变量之间的倒 U 型现象。因此，乘法叠加模型对应的

① 主体指有认识能力和实践能力的人，在社会实践中认识世界、改造世界的人。
② 客体指实践和认识活动所指向的对象，是存在于主体之外的客观事物。

倒U型形成机制称为“绩效/价值”影响因素的交互效应。

主体“绩效”和客体“价值”的影响因素是不同的，相应地，交互效应分为两种类型：主体的“能力—动机—机会”交互效应和客体的“内在价值—外在评价”交互效应。

1.“能力—动机—机会”交互效应

有关个体及组织行为绩效的影响因素研究由来已久。在人力资源管理领域，Vroom在1964年提出了个体行为绩效模型，认为个体的行为绩效受到个体的动机（motivation）和能力（ability）的共同影响；后续研究中，Blumberg等人认为，之前的研究对个人工作绩效的影响因素缺乏一个重要维度——工作机会（opportunity to participate），忽略了工作机会的作用以及工作机会与已知相关因素的相互作用。即使个体有意愿并有能力从事一项既定的活动，但是否真的从事该活动可能还依赖于其所处的客观环境，即机会因素的影响[107]。

在上述理论的基础上，Appelbaum在2000年正式提出了“能力—动机—机会”（ability-motiration-opportunity，AMO）理论。该理论认为，员工的行为与绩效受能力、动机和机会的综合影响[108]（如图3-5所示）。其中，能力是指帮助员工有效从事一项活动所具备的知识、技术和能力；动机是指影响员工从事一项活动的心理与情绪的倾向和动机，如工作意愿、努力的动力等；机会是指员工可以发挥作用的机会，推动或阻碍员工行为的不可控的事件或人等外部环境因素，如工作氛围、工作资源等[109][110][111]。员工的工作行为或个人绩效被看作以上三个因素构成的函数，当员工具备一定能力，拥有足够动力，并且工作环境提供了充分的机会时，他们的工作表现会更好。能力、动机和机会任一维度的降低，都可能导致工作行为的改变和绩效水平的下降[112]。

Haans等人的研究将AMO理论中的绩效影响因素及其作用机制引入倒U型现象的形成机制中，将其命名为“能力—动机—机会”交互效应。前文中提到，在AMO理论中，能力、动机及机会的交互作用决定了员工的行为及个

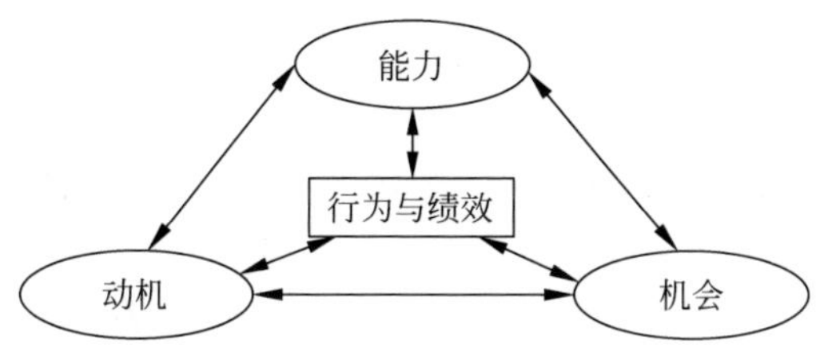

图 3-5　AMO 理论模型[109]

人绩效。在本研究定义的主体倒 U 型现象中,因变量为主体的行为或"绩效",而能力、动机和机会作为行为绩效的影响因素,其中任意一种因素随自变量的增加而增加,而另一种因素随自变量的增加而减少,两种因素的增减交互效应形成了自变量(X)与因变量"绩效"(Y)之间的倒 U 型现象。因此,主体的能力、动机和机会是其倒 U 型现象形成的潜在作用因素(A、B)。图 3-6 展示了"能力—动机—机会"交互效应中的自变量、因变量、潜在作用因素及作用关系,图 3-7 进一步展示了效应的形成机制模型(如图 3-6 和图 3-7 所示)。

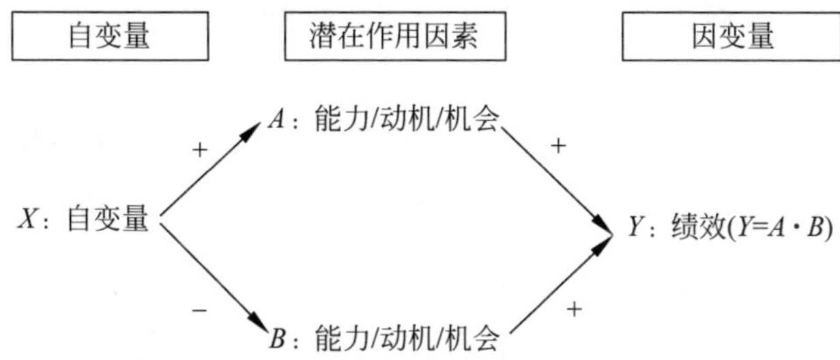

图 3-6　"能力—动机—机会"交互效应中的自变量、因变量和潜在作用因素及关联关系

注：箭头表示作用方向,+表示正向作用,−表示负向作用。

2."内在价值—外在评价"交互效应

在自然哲学领域,事物广义的价值概念包括两个部分,内在价值(intrinsic value)与工具价值(instrumental value)/外在价值(extrinsic value)。其中,内在价值指事物的内在性质,是其本身具有的与其他事物不同之处。事物的内在价值不是人类赋予的,而是事物本身固有的,不依赖于评价者评

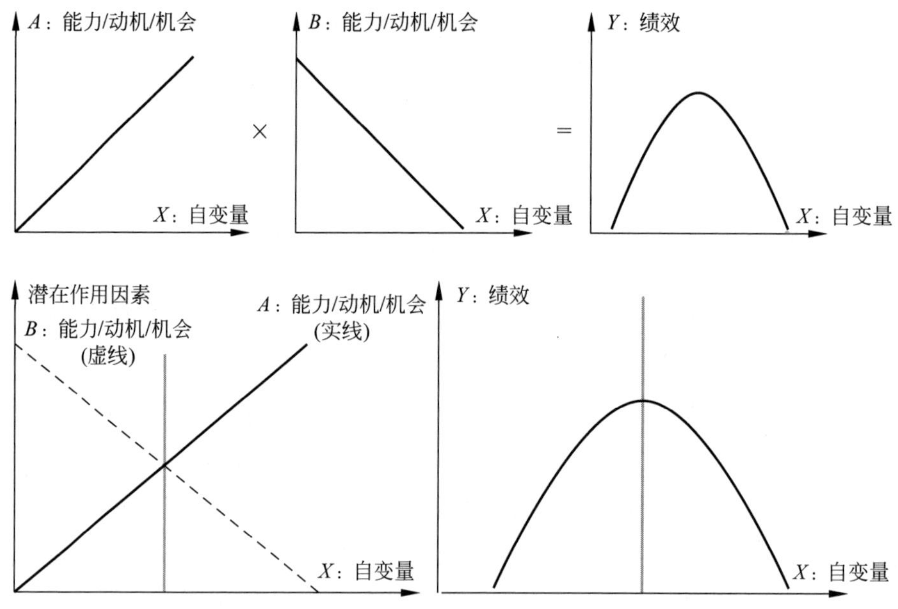

图 3-7 "能力—动机—机会"交互效应的形成机制模型

价的"客观价值"；而工具价值(外在价值)是指事物满足主体某种需要的含义[113][114]。

可以看出，事物的价值包含两个相互联系的方面：一是事物本身内在的客观价值，即"内在价值"；二是评价者对事物内在价值的评价，即"外在评价"。内在价值高和外在评价好的事物会具有更高的价值，而任何一个方面表现不佳，事物的"价值"都不会很高。事物价值的变化也是这两方面因素交互作用的结果，任何一个方面表现出下降趋势，都会导致事物价值的降低。

本研究将价值两个因素之间的交互作用引入客体倒 U 型现象的形成机制模型中，将其称为"内在价值—外在评价"交互效应。在客体的倒 U 型现象中，因变量为客体的"价值"，而客体的"内在价值"和"外在评价"作为"价值"的影响因素，其中一种因素随自变量的增加而增加，而另一种因素随自变量的增加而减少，两种因素的增减交互效应构成了自变量(X)与因变量"价值"(Y)之间的倒 U 型现象。因此，"内在价值"和"外在评价"是倒 U 型现象形成的潜在作用因素（A、B）。图 3-8 展示了“内在价值—外在评价”交互效应中的自变量、因变量、潜在作用因素及作用关系，图 3-9 进一步展示了效应的形成机制模型（如图 3-8 和图 3-9 所示）。

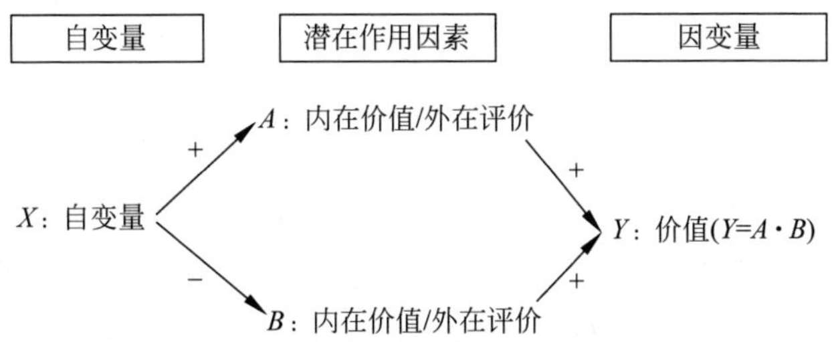

图 3-8 “内在价值—外在评价”交互效应中的自变量、因变量和潜在作用因素及关联关系

注：箭头表示作用方向，＋表示正向作用，－表示负向作用。

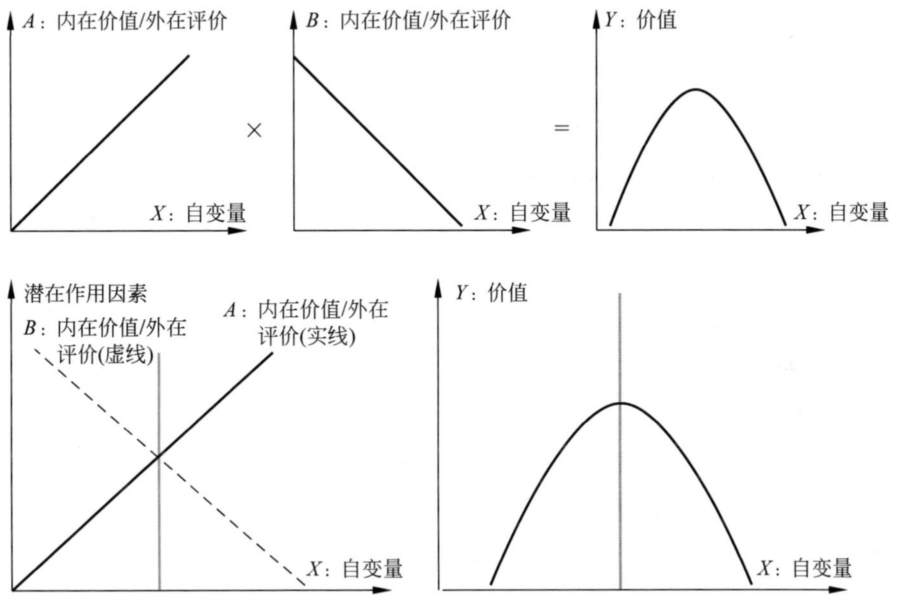

图 3-9 “内在价值—外在评价”交互效应的形成机制模型

3.3 社会系统中倒U型现象的解释

3.2小节中总结和梳理了社会系统中两种类型的倒U型现象形成机制，构建了形成机制模型，本小节将应用形成机制模型对社会系统中经济学、组织行为学、心理学等领域的倒U型现象案例进行解释，验证模型的合理性。

3.3.1 "收益—成本"叠加效应案例解释

1. 经济学

- 企业：产品的开发率和业绩

Jones指出，企业产品的开发率和企业业绩之间呈倒U型关系。这一现象中，自变量 X 为产品开发率；因变量 Y 为公司业绩；潜在作用因素 A 为产品收益；B 为成本—规模不经济效应带来的内部亏损。

高产品开发率会带来高收益，产品的收益随开发率的增加而线性增加。然而高产品开发率会造成规模不经济效应（如蚕食现象造成的内部竞争），导致一定的企业内部亏损。到了某一个阶段，相对于高产品开发率带来的线性增长的收益，内部亏损会占据主导地位，从而降低企业业绩。这两个因素的叠加可以描述企业业绩的变化：产品开发率的增加会带来产品的收益增加，有利于业绩增加，但是当产品开发率达到某一阶段，规模不经济效应带来的亏损会大于收益，企业业绩随之下降[11]（如图3-10所示）。

- 企业：区域企业密度—公司企业准入

区域企业密度和公司企业准入之间呈倒U型关系。这一现象中，自变量 X 为区域企业密度；因变量 Y 为企业准入的可能性；潜在作用因素 A 为"收益"—知识溢出利益；B："成本"—企业本身的知识溢出成本。

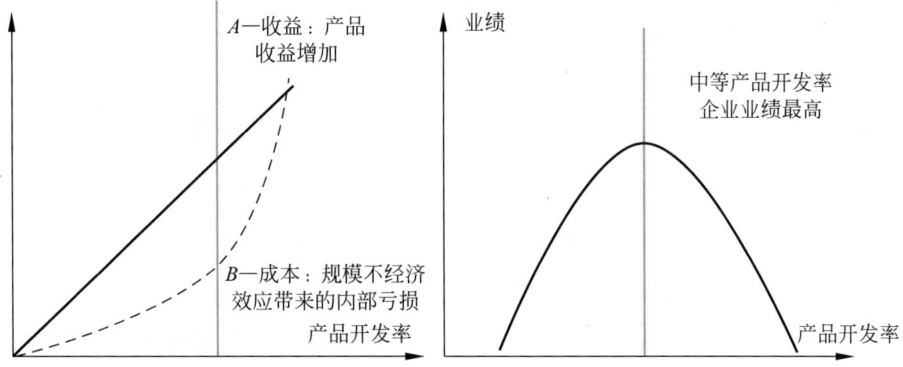

图 3-10　企业产品开发率—业绩倒 U 型现象形成机制模型

对企业而言，进入一定聚集密度的区域，可以带来知识溢出等优势；同时，随着聚集密度的升高，知识溢出带来的利益不会无限增加而是逐渐趋于平稳，而随之而来的"成本"带来的负面影响迅速上升，如：企业从别的公司获得溢出利益的同时，自己的知识溢出成本增加。这两个因素的叠加可以描述企业进入市场可能性的变化：区域企业聚集密度的增加会给公司带来知识溢出的收益，但是当密度达到某一阶段，知识溢出的成本会大于获得的收益，企业进入特定区域的可能性开始下降[14]（如图 3-11 所示）。

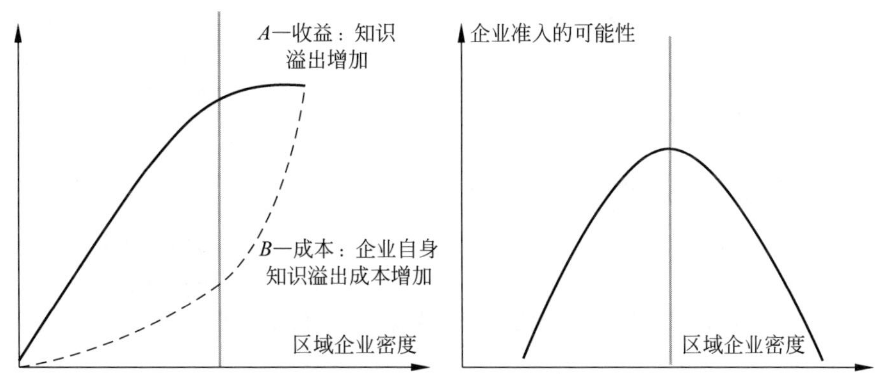

图 3-11　区域企业密度—企业准入的可能性倒 U 型现象形成机制

2. 心理学

- 个人选择数量—满意度

心理学研究中，个人可做出选择的数量(同一事件选择如牛仔裤款式；或多个事件的选择如工作、恋爱关系等)和满意度之间的倒 U 型关系。这一现象中，自变量 X 为个人选择数量；因变量 Y 为个人的满意度；潜在作用因素 A 为“收益”—幸福感；B 为“成本”—选择错误带来的负面感受。

当人们没有选择时，生活本质上是无限糟糕的。随着选择数量的增加，个人的幸福感随之增加，但这一增长关系不是线性的，当选择数量达到一个点，幸福感增加达到极限。在选择数量少的时候，个人选择没有成本，基本不会带来负面效果。但随着选项的增加，因后悔选择、错失机会而产生的负面感受会加剧，且随着选择数量的增大，这种感受会不断升级。这两条曲线的叠加可以描述个人心理状态的变化：添加选项可以改善个人幸福感，但是选择数量达到了一个基线，选择成本带来的负面感受大于获取的幸福感，个人心理满意度会随之下降[31](如图 3-12 所示)。

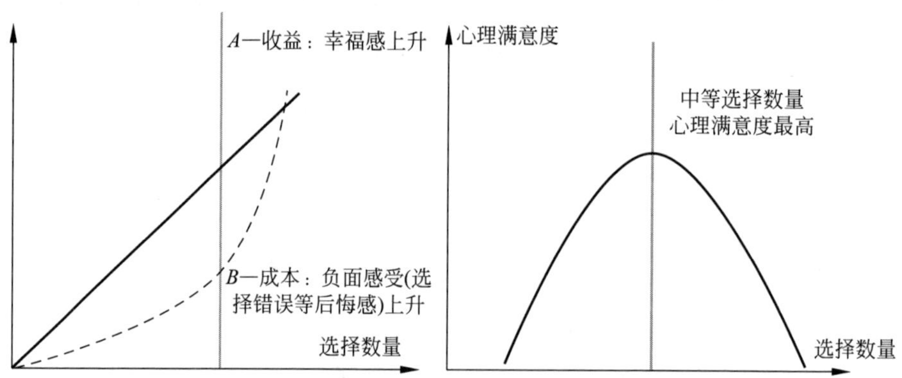

图 3-12　个人选择数量—幸福感倒 U 型现象形成机制模型

3. 组织行为学

- 企业 CEO 年龄—动态能力

Till 等人认为，CEO 年龄与企业动态能力之间存在倒 U 型关系。这一现象中，自变量 X 为 CEO 年龄；因变量 Y 为公司动态能力；潜在作用因素 A 为 CEO“收益”—正确决策带来的公司收益；B 为“成本”—CEO 的保守性带来的企业损失。

随着 CEO 的年龄增加，其学习能力、知识经验逐渐积累，有助于做出正确决策，给公司带来动态能力增加的收益。然而，随着 CEO 年龄的增加，其保守性不断增加，开创性观点减少，更多采取回避风险行为，可能为公司产生相应的损失。当 CEO 决策带来的收益“抵消”不了由于保守性带来的收益损失时，公司整体的动态能力开始下降。CEO 年龄适中时，企业动态能力最强[24]（如图 3-13 所示）。

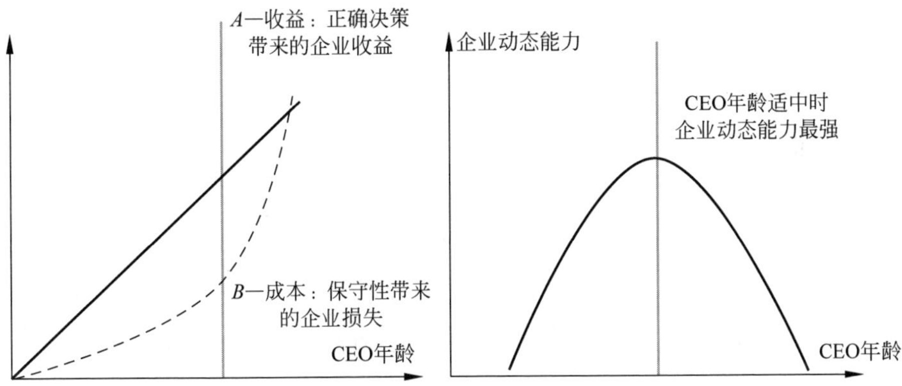

图 3-13　企业 CEO 年龄—动态能力倒 U 型现象形成机制模型

3.3.2　“绩效/价值”影响因素交互效应案例解释

1．“能力—动机—机会”交互效应案例解释

• 企业：市场企业竞争密度—企业合作强度

市场企业竞争密度和企业合作率强度之间呈倒 U 型关系。这一现象中，自变量 X 为市场企业竞争密度；因变量 Y 为企业合作强度；潜在作用因素 A 为企业“机会”—拥有多元化资源的可能性；B 为企业“动机”—企业的合作意愿。

在低水平竞争强度的环境下，公司趋向于拥有更加多元化的资源，旨在带来更多的合作机会，这些资源可以让它们在潜在商业客户面前更具有竞争力。同时，由于市场竞争强度较低，这些公司的合作动机也很低。随着市场企业竞争密度的上升，企业拥有多元化资源的可能性降低，即"机会"维度的因素逐渐降低；而"动机"维度的因素逐渐上升，企业有越来越强的合作意愿来降低竞争压力。在两种因素的增减交互作用下，市场的企业竞争强度与公司之间合作率呈现倒 U 型关系，在中等市场竞争密度下企业的合作强度最高[15]（如图 3-14 所示）。

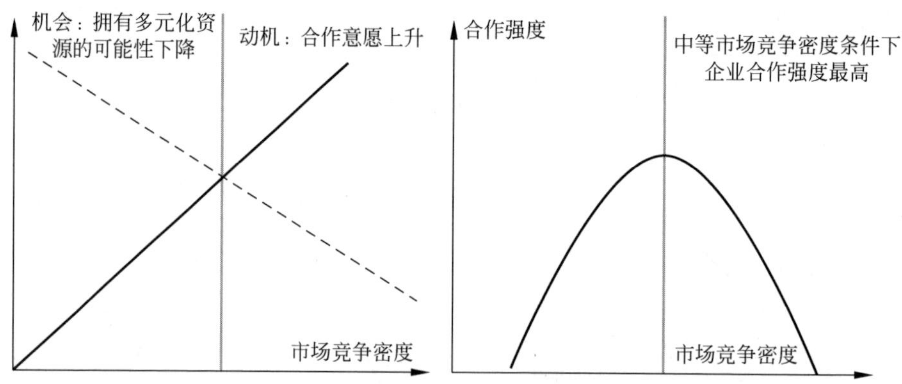

图 3-14　市场企业竞争密度和企业合作强度之间倒 U 型现象的形成机制模型

• 员工：挑战性压力程度—建言行为

Chen 等人认为，员工感受到的挑战性压力与建言行为之间存在倒 U 型关系。这一现象中，自变量 X 为员工的挑战性压力程度；因变量 Y 为员工的建言行为；潜在作用因素 A 为员工"机会"—拥有的用于建言的个体资源；B 为员工建言意愿。

在挑战性压力水平低的情况下，员工可以分配出足够的个体资源来向公司建言，但此时建言的动机不足。随着挑战压力的增加，员工会通过增强个体回报组织的动机来增加建言行为，"动机"维度的因素逐渐上升；而随着挑战压力的增加，员工需要占用更多的个体资源来应对角色绩效，对抗压力，其用于建言的个体资源相应减少，"机会"维度的因素逐渐降低。在两种因素的增减交互作用下，员工的挑战性压力与建言行为之间呈现倒 U 型关系，在适

度挑战性压力下建言能够实现最大化[26](如图 3-15 所示)。

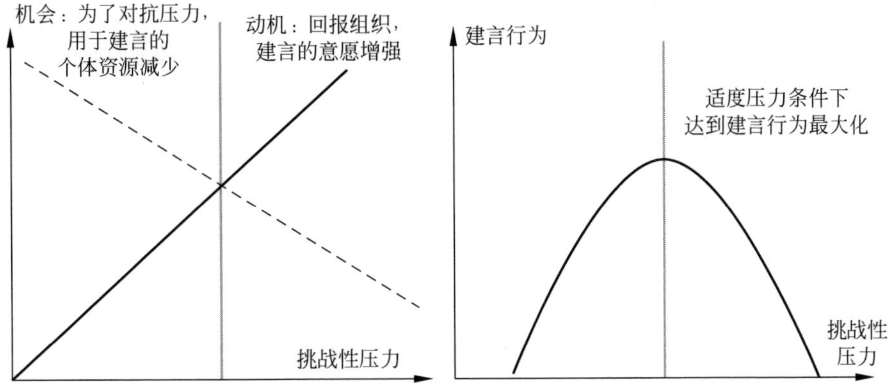

图 3-15　员工挑战性压力程度与建言行为之间倒 U 型现象的形成机制模型

2."内在价值—外在评价"交互效应案例解释

• 广告(幽默内容与品牌主张问题相关性低的广告)：幽默程度—传播效果

Krishnan 等人认为,当幽默内容与品牌主张问题相关性较低时,广告的幽默程度与其传播效果之间存在倒 U 型关系[115]。这一现象中,自变量 X 为广告的幽默程度；因变量 Y 为广告的传播效果；潜在作用因素 A 为广告的"内在价值"：广告包含的产品信息；B 为广告的"外在评价"：受众对广告的关注度。

当广告的幽默程度较低时,对受众的吸引力相对较低,传播效果较差；随着幽默程度的增加,可以显著吸引受众的注意力,即"外在评价"维度有所提升,有利于提高广告的传播效果；然而,对于幽默内容与品牌主张问题相关性较低的广告,当幽默程度过高时,表明广告资源可能过多集中在幽默信息的加工上,而产品信息可能得不到同等程度的加工,强幽默内容对品牌信息加工产生了分心作用,广告的"内在价值"——包含的产品信息相对减弱,不利于广告效果的提升。在两种因素的增减交互作用下,当幽默内容与品牌主张问题相关性较低时,广告的幽默程度与其传播效果之间存在倒 U 型关系,中等幽默程度的广告传播效果最好(如图 3-16 所示)。

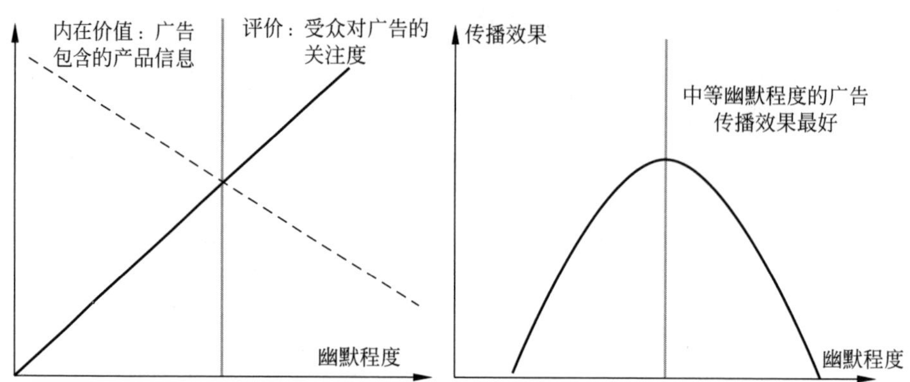

图 3-16　广告幽默程度与传播效果倒 U 型关系的形成机制模型

3.4　本章小结

本章从倒 U 型现象形成的数学描述出发，总结梳理了社会系统中倒 U 型现象的形成机制，构建了形成机制模型，并基于模型对部分案例现象进行了解释。

从倒 U 型现象形成的数学描述可以看出：自变量 X 与因变量 Y 之间倒 U 型现象的数学表达是一个非单调的二次函数，它由两个与自变量、因变量相关的潜在单调函数共同构成，这两个函数通过加法或乘法形式组合起来，来解释 X 对 Y 作用的“净效应”。本研究将两个潜在函数的因变量 A 和 B 定义为自变量 X 和因变量 Y 之间倒 U 型现象的潜在作用因素。自变量 X 影响潜在作用因素 A 和 B，A 和 B 影响因变量 Y。倒 U 型曲线的形成通过两类 A 和 B 交互作用的数学模型实现：加法模型($Y=A-B$)和乘法模型($Y=A\cdot B$)。探寻自变量和因变量之间的潜在作用因素，以及它们之间的交互作用方式，能够清晰、明确地解释倒 U 型现象的形成。

在实践层面上，基于上述两类数学模型，本章总结梳理了社会系统中倒

U型现象的形成机制,构建了形成机制模型:加法模型对应的“收益—成本”叠加效应和乘法模型对应的“绩效/价值”影响因素的交互效应(主体的“能力—动机—机会”交互效应/客体的“内在价值—外在评价”交互效应)。在“收益—成本”叠加效应中,一个潜在作用因素具有“收益”的特点——即因变量的积极影响因素,而另一个潜在作用因素具有“成本”的特点——即因变量的消极影响因素,两个因素均随自变量增加而增加,但“成本”因素增加的速度高于“收益”因素,两个因素通过加法叠加形成倒U型现象;而在“绩效/价值”影响因素的交互效应中,两个潜在作用因素均为因变量的积极影响因素,但一个因素随自变量增加而增加,另一因素随自变量增加而减少,两者通过“此消彼长”的增减交互作用形成倒U型现象(如图3-17所示)。

应用上述形成机制模型,本章对经济学、组织行为学、心理学中多个倒U型现象进行了解释,验证了模型的合理性。

社会系统中倒U型现象的形成机制,揭示了该现象的普适性的形成机制和规律,为各子系统倒U型现象机制的挖掘提供了一个基础框架。其他子系统的现象形成机制模型是这一基础框架与领域活动元素特征的融合。科研系统是科研主体之间互动和关联形成的系统,可视为社会系统的子系统之一。因此,科研活动的倒U型现象形成机制模型也可以在社会系统的机制框架的基础上进行构建。本章梳理的社会系统的倒U型现象形成机制是挖掘科研活动这一现象形成机制的理论基础。

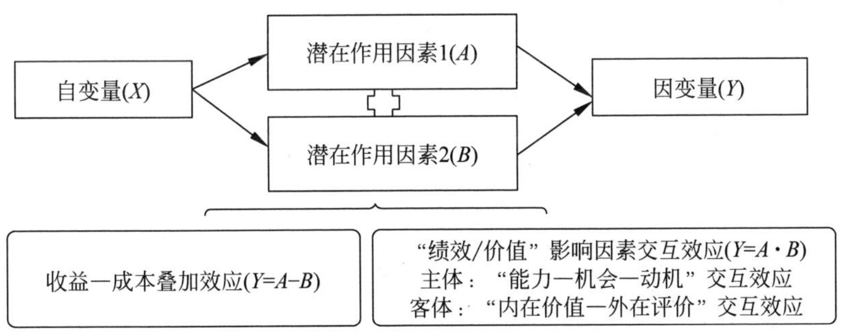

图3-17 社会系统中倒U型现象的形成机制模型

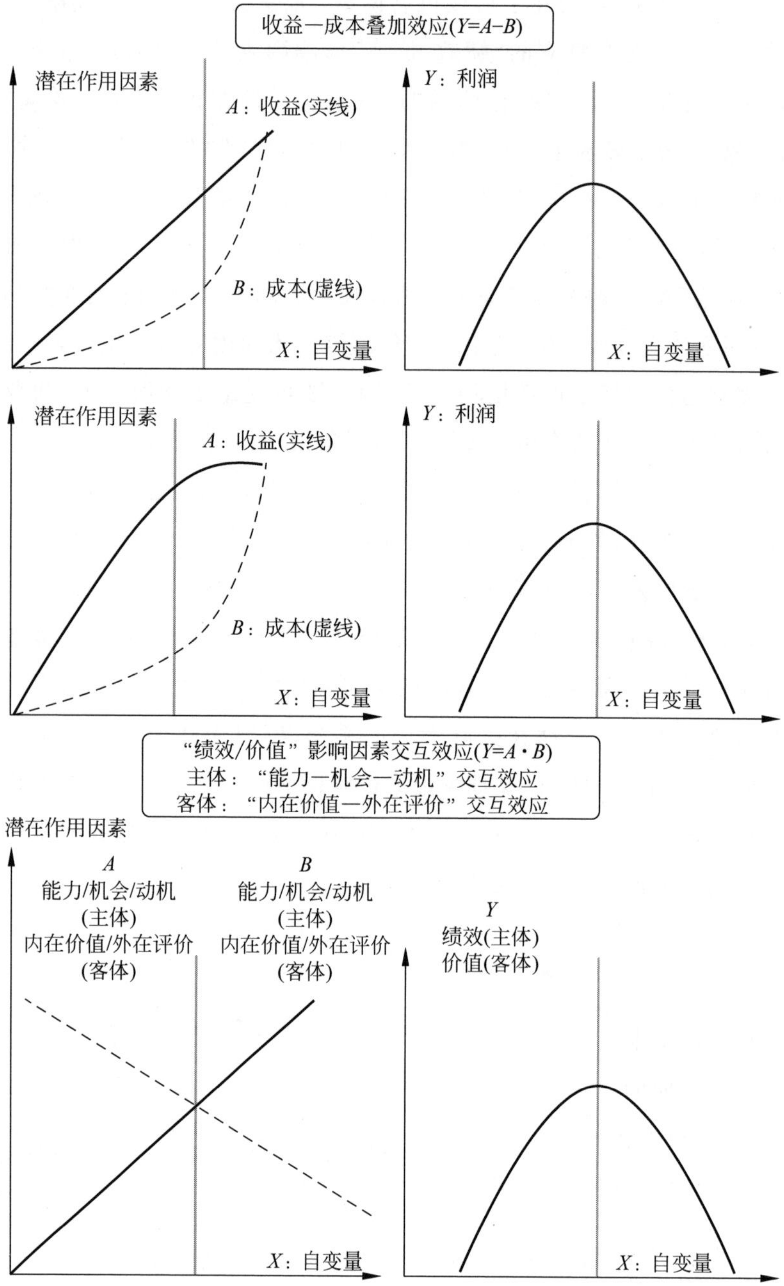

收益—成本叠加效应(Y=A−B)
潜在作用因素
A：收益(实线)
B：成本(虚线)
X：自变量
Y：利润
X：自变量
潜在作用因素
A：收益(实线)
B：成本(虚线)
X：自变量
Y：利润
X：自变量
“绩效/价值”影响因素交互效应(Y=A·B)
主体：“能力—机会—动机”交互效应
客体：“内在价值—外在评价”交互效应
潜在作用因素
A
能力/机会/动机
(主体)
内在价值/外在评价
(客体)
B
能力/机会/动机
(主体)
内在价值/外在评价
(客体)
X：自变量
Y
绩效(主体)
价值(客体)
X：自变量

图 3-17 （续）

第4章 科研生态系统的构建

在本书的第3章，总结和梳理了社会系统中倒U型现象的形成机制，构建了机制模型。在这一机制模型中，自变量(X)和因变量(Y)之间的倒U型关系的形成，本质上是由两个潜在作用因素(A、B)交互形成的，交互的方式包括："收益—成本"叠加效应($Y=A-B$)和"绩效/价值"交互效应($Y=A \cdot B$)。

可见，要挖掘倒U型现象的普适性形成机制，首先需要定位现象发生的自变量(X)、因变量(Y)以及潜在作用因素(A、B)，了解它们的特征及相互之间的作用关系。

本书的研究目标是挖掘科研活动中倒U型现象的形成机制，挖掘形成机制的前提是定位科研活动中可能发生倒U型现象的自变量(X)、因变量(Y)和潜在作用因素(A、B)。科研活动是人类最复杂的智力活动之一，由科学研究、科研管理、学术交流等多个流程组成，也是由科研机构、科研管理部门等多部门协同完成的行为。定位倒U型现象的自变量、因变量和潜在作用因素，需要了解可能发生倒U型关系的元素位于科研活动的哪些部门、哪些流程中，以及这些元素之间是如何相互作用的。因此，有必要以已发现的倒U型现象为基础，按照发生倒U型现象元素的特征，梳理科研活动中各元素之间的相互作用关系，将科研活动中的元素有机地组织起来，构建一个元素关联框架。

在本研究的第3章,提到了社会系统的概念。根据研究对象,广义的社会系统包括人类社会系统(例如经济系统、科研系统等)与生物社会系统(例如生态系统)。狭义的社会系统只包括人类社会系统。无论哪种类型的社会系统,都具备系统的特征:由具有一定自主能动性的个体(无论是人类还是其他生物)通过互动和关系所形成的有序的整体。由于生物学领域早已定义了生态系统,围绕生态系统的活动规律开展了大量研究,相关的理论成果已成为业界共识。本研究将借鉴生态系统的定义和关联关系,以生态系统作为类比,来构建科研活动的元素关联框架,将其命名为“科研生态系统”。

科研生态系统能够较为系统地描述科研活动中基础元素的特点及关联关系,基于这一系统,可以定位科研活动中发生倒U型现象的活动元素,进而挖掘科研活动中倒U型现象的形成机制。

4.1 科研生态系统的构成元素

4.1.1 生态系统的构成元素

生态系统的概念由 Arthur George Tansley 于1935年提出,指在自然界的一定空间内,生物与环境构成的统一整体,在这个统一整体中,生物与环境之间相互影响、相互制约,并在一定时期内处于相对稳定的动态平衡状态[116]。

生态系统由生物体与非生物环境组成。其中,生物体包括生产者、消费者和分解者。生产者是能以简单的无机物制造食物的自养生物,包括绿色植物、少数微生物等;消费者指以动植物为食的异养生物,包括了几乎所有动物和部分微生物。分解者也是异养生物,其作用是把动植物体的复杂有机物分解为生产者能重新利用的简单化合物,并释放出能量,包括细菌、真菌和放线菌等具有分解能力的生物,也包括某些原生动物和腐食性动物。非生物环境包括参加物质循环的无机元素和化合物(如 C, N, CO_2, O_2, Ca, P, K),联系生物和非生物成分的有机物质(如蛋白质、糖类、脂类和腐殖质等)和气候或其他物理条件(如温度、压力)[117]。

生态系统中的生物体与非生物环境通过能量流动和物质循环形成的一个相互影响、相互作用并具有自调节功能的自然整体。生产者借助非生物环境,利用光合作用合成复杂的有机物质,为消费者提供物质和能量;消费者摄取生产者已经制造好的有机物质,通过消化、吸收合成自身所需的有机物质,同时产生遗体、粪便等复杂有机物提供给分解者;分解者把复杂的有机物质分解为简单的无机物,供生产者再利用[117]。其中,生态系统中的能量合成、转换与传递是以有机物为"载体"实现的。

图 4-1 是生态系统中各元素的功能及作用关系的简要构成图。从图 4-1 可以看出,生态系统各元素之间的作用关系是具有方向性的,箭尾的元素处于上游位置,箭头的元素处于下游位置,上游元素对下游元素产生影响作用(如图 4-1 所示)。

4.1.2 科研生态系统的构成元素

1. 借鉴"生态系统"构建"科研生态系统"的合理性

在本研究的第 3 章,提到了社会系统的概念。根据研究对象,广义的社会系统包括人类社会系统(例如经济系统、科研系统等)与生物社会系统(例如生态系统)。狭义的社会系统只包括人类社会系统。无论哪种类型的社会系统,都具备系统的特征:由具有一定自主能动性的个体(无论是人类还是其他生物)通过互动和关系所形成的有序的整体[104]。系统内的元素既具有自己的特征,发挥各自的作用,又构成一个相互作用相互影响,协调发展的整体。因此,同为广义社会系统的子系统,科研系统和生态系统具有相似的功能和特征,可以进行类比,生态系统中的相关理论可以被借鉴到科研系统中来。

由于生物学领域早已定义了生态系统,围绕生态系统的活动规律开展了

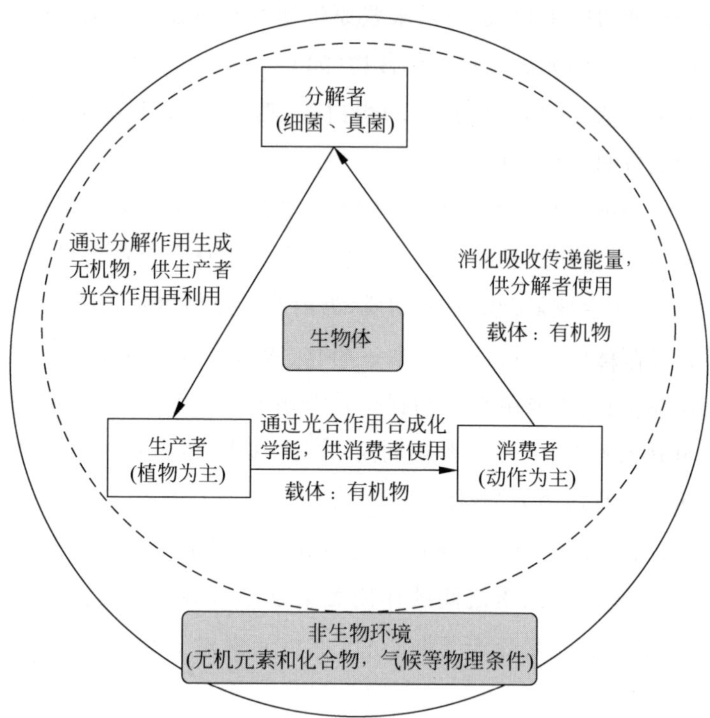

图 4-1　生态系统的构成

大量研究，相关的理论成果已成为业界共识。在科研系统相关研究中，已经有一些学者借用“生态系统”的理念构建了“科研生态系统”：Fragidis 等人在建设统一欧盟研究区（ERA）的背景下，构建了一套科研生态系统的框架，旨在梳理欧盟科研活动实体（科研人员、机构、企业、资助机构、公共管理者等）之间的关联关系，从而从战略层面统筹协调各科研活动实体[118]；Pandey 等人提出了大学科研生态系统的概念，科研生态系统组成部分包括人力资本（教职员工等）、政府资本（政策等）、物理资本（设施等）、智力资本（知识等）和财政资本（资助等），作者指出各部分的协调发展可以提升大学的管理效率，实现大学的可持续发展[119]。Silva 等人从认知学的角度，将科研生态系统定义为科研机构、国家科研系统及整个科学共同体[120]。还有一些研究从科研信息数据库构建的角度提出科研生态系统设计的元素[121][122]。

以上研究表明，从不同角度和应用场景出发，科研生态系统可能有不同的定义及构成要素。但整体而言,它们均借鉴了"生态系统"元素各具特点又互相关联、协调发展的理念,根据实际需求,将涉及的科研活动元素有机地组织起来,描述各元素的特征及作用关系。

本章的研究目标是按照科研活动中发生倒U型现象元素的特点,构建一个科研活动元素的关联框架,组织科研活动元素。基于对现有科研活动中发生倒U型现象的元素特征分析可以发现,它们具有如下特征。

(1) 发生倒U型现象的元素多位于科学研究、科研管理、科学交流三个环节中。如:在科学研究环节中,科研人员的学术年龄与产出规模之间的倒U型现象,科研论文的学科交叉性与学术影响力之间的倒U型现象;在科研管理环节中,科研项目的创新性与科研资助率之间的倒U型现象;在科学交流环节中,学术期刊的国家分布多样性与学术影响力之间的倒U型现象等。

(2) 发生倒U型现象的元素之间存在作用关系,且作用关系具有方向性。倒U型关系描述的是两个变量之间的量化关系,因此,在科研活动中,发生倒U型现象的活动元素之间需要存在合理的相互作用关系。并且,倒U型关系的数学表达是二次函数,描述的是因变量随自变量的变化情况,因此发生倒U型现象的科研活动元素之间是影响与被影响的关系,即元素之间的作用关系具有方向性。

基于以上倒U型现象的元素特征可以看出,本章需要构建的科研活动元素关联框架是一个覆盖科学研究、科研管理、科学交流三个环节的整体系统,这一系统中,通过三个环节元素具有方向性的作用关系,完成科研信息的生产和传递。在上一小节对生态系统的构成描述中可以看出,在生态系统中,通过生产者、消费者和分解者三个生物体之间的相互作用关系,完成了系统的物质循环和能量传递。这与本书拟构建的科研活动元素关联框架的功能类似,因此,本研究中借鉴"生态系统"的定义和关联关系,以生态系统作为类比,来构建科研活动元素的关联框架,将其命名为"科研生态系统"。

2. 科研生态系统的构成元素

本研究中定义的科研生态系统指科研活动的主要参与部门及其依赖的科研环境构成的统一整体。其中，本书将科研活动的主要参与部门称为活动体，包括科研主体、信息中介和科研管理部门：科研主体指具备一定知识、经验和能力，从事科学研究的人员及组织。科研主体主要包括科研人员以及由科研人员组成的科研团体、科研机构及国家科研系统[123]；信息中介指汇总、集成科研成果，组织开展学术交流的机构、团体及提供学术交流的媒介、平台等服务提供方。信息中介主要包括出版商、会议组织者、数据服务商等；科研管理部门是对科研活动相关的人、财、物、信息等有形无形的资源进行优化配置[124]，对科研活动进行计划、组织和协调的部门，其主要职能是保障科研活动高效、有序开展。科研管理部门主要包括资助机构、科技部委等。科研环境指影响科技人员从事科研活动各种直接、间接因素的统称。良好的科研环境，有利于科研人员潜心研究，激发其创造活力，对于推动科技进步、实施创新驱动发展战略具有重要意义[125]。科研环境为三大活动体的各项科研活动提供重要支撑。

与生态系统中各生物体之间的关系类似，科研生态系统中各活动体之间也是相互作用、相互影响的。科研主体在一定的科研资源及政策的支持下从事科学研究工作，创造新的科学知识，供信息中介开展学术交流；信息中介汇总、集成科研成果，组织开展学术交流，为科研管理部门评估科研活动、调整管理政策提供平台及途径；科研管理部门在评估科研活动的基础上，合理调配科研资源，管理科研活动，为科研主体有序开展研究工作提供保障，如图 4-2 所示。

生态系统以有机物为“载体”完成整个系统中的能量传递，类似地，在科研生态系统中，活动体之间借助若干“载体”实现系统中的信息传递：科研主体创造的新知识以“科研成果”的形式提供给信息中介，包括论文、专利、学科(一组科研成果的集合)、设备、数据等；信息中介以各种“学术交流媒介”为依托组织开展学术交流，包括期刊、图书/专著、会议、数据库、自媒体平台等；科

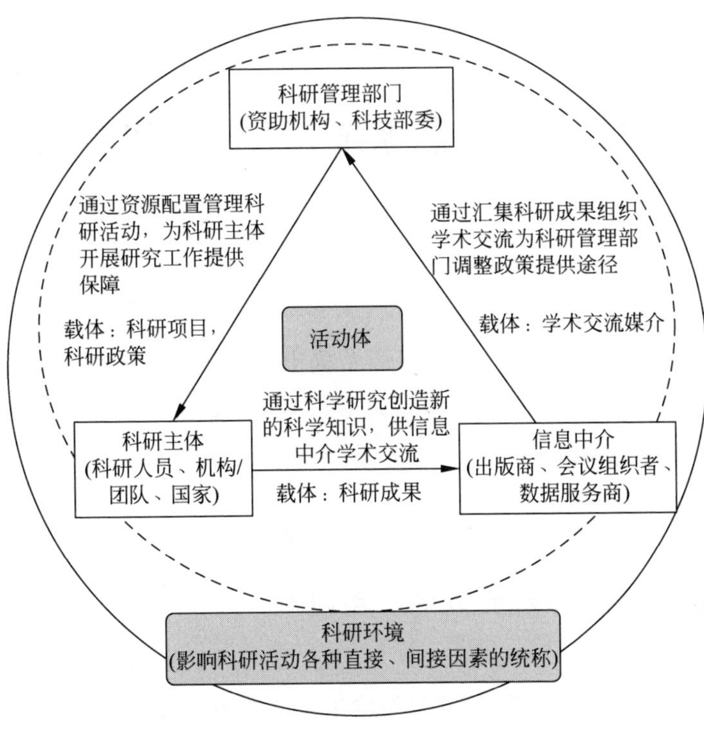

图 4-2　科研生态系统的构成

研管理部门对科研资源的配置通过部署"科研项目"(计划、战略规划)及"科研政策"得以实施(如图 4-2 所示)。

综上，科研生态系统由活动体、载体和科研环境三种类型的元素构成，本书重点对活动体和载体的特征及其之间的关系开展研究，科研环境不在研究范围内。下文中的科研生态系统的元素界定在活动体和载体范围内。

在图 4-1 中，生态系统中各生物体之间的作用关系具有方向性，同样，科研生态系统中的各活动体之间的作用关系也是具有方向性的。在图 4-2 中，除位于箭头、箭尾的活动体外，载体位于箭头中部位置。按照箭头指向的方向，各元素具有相对的上下游位置，位于上游的元素会对下游元素产生影响作用(如图 4-2 所示)。

4.2 科研生态系统元素的作用机制

在4.1小节中，本研究以生态系统为参考对象，对科研生态系统的构成元素及作用关系进行了阐述。那么生态系统中各元素之间的作用关系是如何形成的？为什么会形成这样的作用关系？本小节依然以生态系统为类比对象，描述科研生态系统元素的作用机制，为更加深入了解科研活动各元素之间的作用关系提供理论依据。

4.2.1 生态系统元素的作用机制

“生物体的结构决定其功能”是结构生物学的中心法则[126]。生态系统的生物体之间之所以能发生作用关系，维持整个系统的运行与稳定，本质上源于每个生物体自身的结构。如：几乎所有的生物体都具有细胞结构；作为生产者的植物具有根、茎、叶等器官；一些作为消费者的高级动物具有大脑结构等。在哲学的概念中，属性是指事物固有的性质，是事物必然的、基本的、不可分离的特性，又是事物某个方面质的表现[127]。而自然属性是对事物面貌、规律、现象及特征的本质的描述说明，是事物本身就存在的，通常在与其他对象或自然界交互过程中表现出来[128]。在生态系统中，生物体所具有的与开展生命活动相关的结构，本质上就是它们的一种自然属性。

生物体自身的结构(自然属性)决定了其功能(能力)，如：植物的根可以吸收土壤中的水分，叶子可以吸收阳光；高级动物的大脑使其具备了使用工具的能力。同时，生物体的结构(自然属性)还可以对其生存的环境产生一定的影响，如植物的根系的深浅会影响其周边土壤的结构。一些高级生物体的大脑结构还决定了其具有一定的活动动机，如：鸟类拥有翅膀，决定了其具有远程的迁徙能力，它们愿意飞到暖和的地区繁殖，从而增加产卵次数和数量。

在适宜的条件支持下，生物体在一定动机的驱使下，利用自身的功能（能力）在生态系统中开展生命活动，完成能量的合成、转换和传递，进而促进生态系统的循环稳定运行。合成和传递能量可以看作生物体开展生命活动取得的“成效”。

不过，在生态系统中，能量的合成、转换、传递是以有机物作为载体完成的。对于物质而言，物质的结构决定其性质，性质决定其用途。有机物的结构决定了其性质，不同结构（自然属性）的有机物的性质具有一定的差异，从而在生态系统中发挥不同的作用。有机物在生态系统中发挥的作用可以视为其“成效”。

以上描述了生物体结构、功能与成效，载体结构、性质与用途之间作用关系的基本原理，有助于理解生态系统中不同元素之间的相互作用和影响的本质原因，本研究中将其视为生态系统元素的作用机制。如图 4-3 所示。

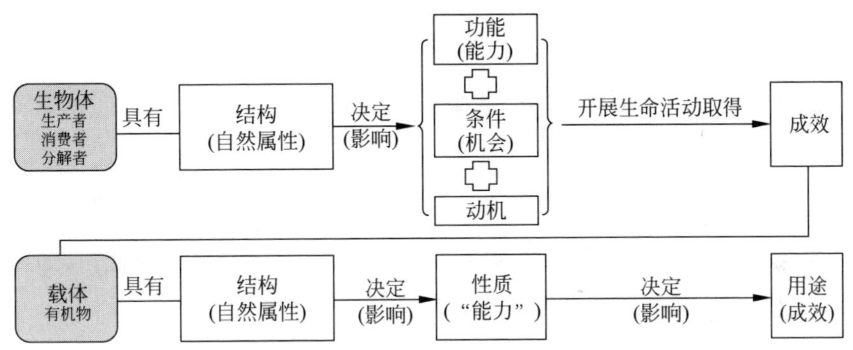

图 4-3　生态系统元素的作用机制

以作为生产者的植物为例，描述生态系统元素的作用机制：植物作为生产者，具有根茎叶的结构特征，根系使得植物具备汲取土壤中水分的能力，叶子中的叶绿体使得植物可以吸收阳光。具备了吸水和采光的能力的植物，在充足的光照、适宜的土壤、水分和二氧化碳的条件下，进行光合作用，将太阳能转化为化学能。

然而，光合作用产生的化学能是以有机物为载体进行能量传递的，这些有机物包括淀粉和纤维素等。由于淀粉具有特殊的糖苷键的结构，可以在淀粉酶的作用下水解成葡萄糖。葡萄糖可以被大部分消费者（人类及大部分食肉动物）直接吸收利用而供能，因此淀粉发挥了为消费者提供主要能量的功效（如图 4-4 所示）。

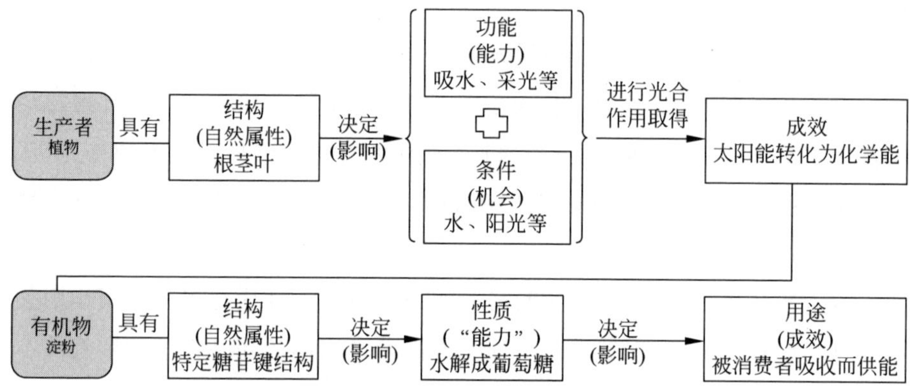

图 4-4　生态系统元素的作用机制案例（植物）

4.2.2　科研生态系统元素的作用机制

与生态系统类似，科研生态系统的活动体之间之所以能发生作用关系，维持整个系统的运行与稳定，本质上源于活动体自身的“自然属性”。如：科研人员的年龄；科研资助机构的等级等。

这些自然属性使得活动体具备一定的“能力”和“动机”。如：科研人员的教育背景决定了他们的逻辑分析能力、交流表达能力等；科研人员的家庭背景会对其从事科研活动的兴趣产生影响。在一定科研“机会”（条件）的支持下（如：一定的科研经费的资助），活动体在科研“动机”的驱使下开展科研活动，取得科研活动的“成效”，完成科研生态系统的运行和循环。在本研究定义的科研生态系统中，将活动体的“能力”“动机”和“机会”统称为活动体的“社会属性”。

活动体的“社会属性”决定了其开展科研活动的成效。活动体的成效包括两个部分，一部分是生产和传递科研相关的信息(如产出科研论文)，另一部分是通过科研活动获得的学术声望(如获得科技奖项)。

同时，在科研活动中，活动体学术声望的累积具有马太效应[83][129]，学术声望的变化可能影响活动体的科研环境(如高学术声望可能获得更多的科研经费)，科研动机(如获得科研奖项会激励科研人员继续开展研究)等。因此，在马太效应的作用下，活动体的成效会反作用于社会属性，对社会属性产生影响。

另一方面，在科研生态系统中，科研信息的传递是通过若干载体(科研项目、科研成果、信息媒介)完成的。不同的载体也具有不同的自然属性(如科研论文具有不同的学科特征)，这些自然属性决定了载体的"能力"(社会属性)(如创新性)，进而影响载体在科研生态系统中产出的"成效"(如学术影响力、经济效益等)。"成效"是载体"能力"(社会属性)的反映和体现。

科研生态系统元素的作用机制如图4-5所示。

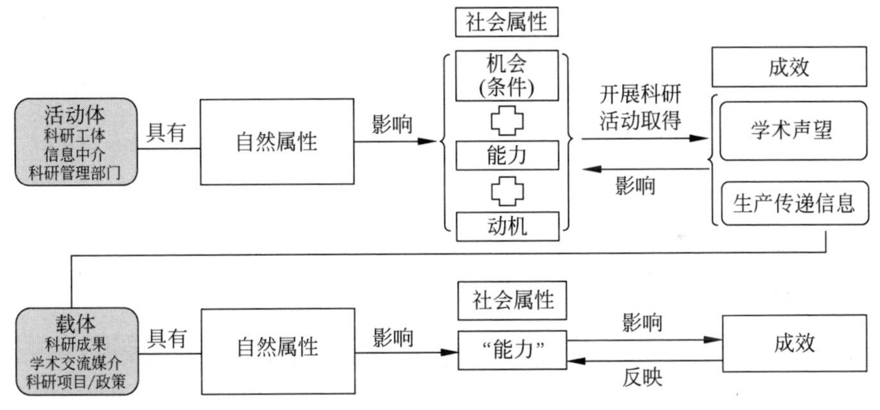

图4-5　科研生态系统元素的作用机制

以科研人员为例描述科研生态系统元素的作用机制：假设科研人员具有985高校毕业的教育背景，在这样教育背景的影响下，科研人员能够积累较为扎实的专业知识，具备一定的科研能力(如逻辑思维能力、交流表达能力等)，为其开展科研工作奠定了良好的基础。同时，科研人员的家庭背景(父母从事科研工作)有可能激发其从事科研工作的兴趣。在一定科研经费的支持下，科研人员组织团队开展科学研究工作，发表科研论文，获得科研奖项。科研奖项使得科研人员获得了更高的学术声望，能够助力科研人员争取到更多的科研经费支持。

另一方面，科研人员发表的论文融合了多领域的知识，具有多学科的自然属性，这一属性决定了该论文可能具有更高的学科交叉性。高学科交叉的论文容易受到多领域科学共同体的关注，获得更高的影响力（如图 4-6 所示）。

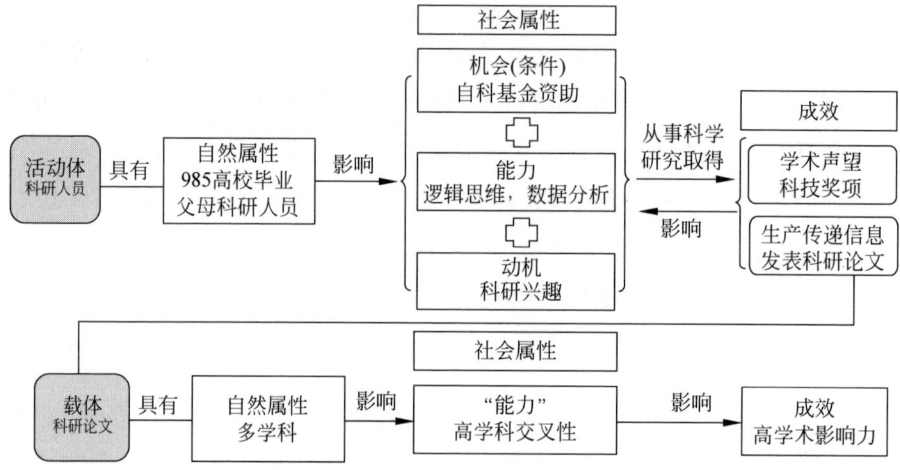

图 4-6　科研生态系统元素的作用机制案例（科研人员）

4.3　科研生态系统元素的属性与成效

4.2 小节对科研生态系统元素的作用机制进行了阐述，可以看出：科研生态系统中每个活动体和载体都具有属性（自然属性、社会属性）及成效，这些属性和成效从根本上确立了元素之间的相互作用关系，从而完成整个系统的运行，保持系统的稳定。本小节将对各元素的属性和成效，以及属性与成效之间的关系进行具体定义。

4.3.1 属性、成效的概念界定

1．属性

属性指的是事物固有的性质，是事物必然的、基本的、不可分离的特性，又是事物某个方面质的表现[127]。在本研究定义的科研生态系统中，活动体及作用载体的属性指其本身具备的与科研活动相关的特性，及其在科研活动中表现出来的特征。

活动体及作用载体具有两种类型的属性：自然属性和社会属性。

2．自然属性

自然属性是对事物面貌、规律、现象及特征的本质的描述说明，是事物本身就存在的，通常在与其他对象或自然界交互过程中表现出来[128]。在本研究定义的科研生态系统中，自然属性是指对活动体和载体在科研活动中表现出来的面貌、规律、现象，以及特征、本质的描述说明。如：科研人员的年龄，资助机构的类型，论文的标题长度等。自然属性短期内不随活动体和载体在科研活动中的表现而变化。

3．社会属性

社会属性是事物本身固有的性质与上层建筑的结合体[130]，是在后天的社会关系和社会实践中逐渐生成的[131]。在本研究定义的科研生态系统中，将活动体的社会属性定义为活动体在科研活动中形成的、参与科研活动必备的素质和条件，如科研人员的交流表达能力；载体的社会属性指其在科研活动中形成的学术价值，如科研论文的创新性。

4．成效

成效指参与某个项目或活动后给个体或大众带来的影响、变化或收

益[132]。本研究中，活动体的成效指其从事科研活动所获得的个体收益（如：获得科研奖项）和结果（如发表科研论文）。载体的成效指其在科研活动中发挥的作用，如科研政策的社会影响力等。

4.3.2 活动体的属性与成效

在本研究中定义的科研生态系统中，活动体包括三种类型：科研主体（科研人员、团队、机构、国家科研系统）、信息中介（出版商、会议组织者、数据服务商等）、科研管理部门（资助机构、科技部委等）（见 4.1.2 小节）。本小节将对活动体的自然属性、社会属性和成效进行定义。

1. 自然属性

活动体的自然属性包括基本信息、教育背景和科研背景三部分，如表 4-1 所示。

表 4-1 活动体的自然属性

属性		说明
1. 基本信息	生理信息	性别、年龄、民族等
	家庭社会关系	婚姻状况、家庭背景、社会关系等
	地理	籍贯、地理位置等
	政治经济文化	政治关系、经济水平、文化背景等
2. 教育背景	院系专业	隶属学科特征等
	教育经历	学历学位、毕业学校水平、海外教育等
3. 科研背景	类型*	科研类型、岗位类型等
	等级	行政级别等
	学科	隶属学科特征、学科交叉、学科均衡等
	科研经历	学术年龄、发展历程等

* 此处的类型属性专指单人活动体，如单个科研人员、期刊编辑等，对于多人组成的活动体，如机构、国家、出版集团等，其类型的配比、分布可能随科研活动的开展而变化，属社会属性范畴。

2. 社会属性

活动体的社会属性包括能力、动机、机会三个部分。如表 4-2 所示。

表 4-2　活动体的社会属性

属　　性		说　　明
1. 能力	知识储备	领域专业知识、跨领域知识等
	科研技能	鉴赏力、理解力、整合组织能力、分析能力、科研表达能力等
	社交管理能力	交流沟通能力、协同合作能力、组织管理能力等
2. 动机	内在动机	兴趣
	外在动机	金钱、名誉、奖励等
3. 机会	硬资源	人力资源、科研经费、物理资源及数字资源等
	软支持	知识、思路等

(1) 能力

能力是指个体具备的用于执行某个特定任务的技能[133]。在科研活动中，学界对“科研能力”的定义及内容没有统一的概念和说法。在 Durette 的研究中，从能力来源的角度提出了博士生应该具备的核心科研能力，包括：可以通过课程获取的能力——领域专业知识；来源于其他领域专业课程而应用于科研的能力——交流能力、项目管理能力、信息能力、语言能力、创新管理能力，以及行政管理能力等；不能通过课程学到的能力——智力能力、处理复杂问题的能力、合作能力、领导力、创新性、广阔的视野等；个人内在行为及品质——严谨性、创造性、好奇心、韧性、活力等[134]。一些研究从科研工作流程的角度提出了科研能力的要素，如数据获取能力、研究综述能力、研究问题识别能力、建立研究假设能力、学术写作/传播能力等[135][136]，以及一些科研工作流程中所必需的“软技能”：有效交流能力，自我调节能力，领导技能等[137]。Ulrich 等人对未来科研人员的核心技能进行了界定，包括科研能力(科研知识、学习和接纳能力、提出研究问题的能力、分析能力等)、项目和团队管理技能(团队工作能力、沟通技巧、评估能力、语言技能等)以及个人态度/人际交往技能(创造力、开阔的思维、科研动机、自我评估等)[138]。在 Thunnissen 等人的研究中，从三个维度来描述科研人员的能力，分别是：智力(科学理解力、学术专业水平)、创新性(创造力、企业家精神)和社交能力(环境意识、沟通技巧和合作技巧)[139]。

在以上研究成果的基础上，结合"能力"在科研生态系统作用机制中的作用，本书将活动体的"能力"定义为活动体开展科研活动所具备的知识、技能的总和，由知识储备、科研技能和社交管理能力三部分组成。

知识储备指活动体与科研活动相关的领域知识的积累和储备，包括专业知识、跨领域知识等。科研活动的本质是创造新知识的过程，而创造新知识是建立在对原有知识深度理解的基础上。因此对活动体而言，积累和储备专业领域的知识是其开展科研活动的根基。同时，随着跨学科交叉研究的兴起，研究者们认为跨学科研究是创新的源泉，复杂科学问题的解决需要多个学科知识的支撑[140]，这就要求活动体在掌握本领域专业知识的同时，加强相关跨领域知识储备的能力[137]。

科研技能指与活动体执行科研任务直接相关的基本技能[137]，如鉴赏力(如研究问题重要性的识别能力)、理解力(如跨领域知识的理解吸收能力)、整合组织能力(如科学文献的综述能力)、分析能力(如实验数据的分析能力)、科研表达能力(如论文写作能力)等。科研技能可以看作是活动体独立解决科研问题、执行科研任务所使用的基本"手段"，是能够直接有效促进科研绩效提升的个人能力[141]。

社交管理能力指的是活动体管理人际关系的能力，如：交流沟通能力(如学术研讨中观点表达的清晰程度)、协同合作能力(如科研人员合作的广泛程度)、组织管理能力(如科研管理部门经费分配的合理性、科研团队 PI 的领导力)等。对活动体而言，社交管理能力有助于其在多人交往的科研活动中解决问题、达成共识，为科研活动创造一个良好的空间和环境[138]，有效推动科研活动的顺利开展，提高科研工作的效率。如：科研管理部门与一线科研人员之间充分的交流与研讨，有助于其规划领域发展战略、遴选优先资助领域等；科研团队的 PI 对团队成员的合理分工，能够增强团队的凝聚力，进而提升科研绩效。

(2) 机会

在组织绩效相关的研究中，机会代表鼓励行动的情境机制，例如工作环境和组织设施。机会是提升个体和组织绩效的重要外生因素[142]。在本研究中，将科研机会定义为活动体从事科研活动可获取的支持、资源等外在因素的总和，这些支持和资源可以为科研活动的顺利开展提供保障，提升活动体的科研绩效。在本研究中，将活动体的机会定义为两种类型：硬资源和软支持。

硬资源指活动体可获取的用于科研活动的人力资源、科研经费、物理资源及数字资源[143][144]。

科研经费是支撑保障科研活动的主要资源之一[145]。一些研究表明，科研经费的集中有助于获得更大的科研成果[146]。在活动体的社会属性中，科研经费属性主要指活动体科研经费的规模、分布等相关属性。

人力资源也是科研活动的重要保障因素。一方面，科研活动的本质是知识创新，是一种复杂的智力活动，人力资源配置的增强和优化可以增加科研活动的智力资本，为科研活动注入新知识和新技能，提升科研能力，进而提升整体科研绩效[147]。另一方面，学术声望高的科研人员还可以给科研活动带来更多的人力及物质资源[148]。需要说明的是，社会属性中的“人力资源”属性仅针对多人组成的活动体（如科研机构、国家、资助机构、期刊出版集团等）而言，不仅包括人力资源的规模，如科研团队、科研机构的规模大小，还包括活动体各种类型、结构中的人力资源配置特征，如科研机构岗位类型的配比，国家不同科研类型机构的分布等。

此外，物质资源和数字资源对于科研活动也是至关重要的。科研活动离不开物理资源（如空间、基础设施和设备等）以及数字资源（数据库、分析工具等）的支撑[144]。资源的合理、有效使用能够显著提升科研活动的生产力和效率[152]。

软支持指活动体可获取的硬资源之外的智力支持，如知识、思路等。一方面，通过科研合作等方式，活动体有机会获得更多的多元化知识，多元化知识与创造力之间具有积极的关联，因此多元化知识资源的获取有助于活动体的科研创新[149][150]；另一方面，活动体通过学术交流中碰撞出的观点和思路，能够为其科研活动提供新的视角，从而对科研创新产生积极影响[151]。

（3）动机

动机的定义是人们愿意投入特定活动中的愿望和努力程度[153]。科研动机是指动机在科研活动中的应用,是驱使科研人员从事科研活动的动力[154]。在本研究中,将科研动机定义为活动体主观上从事科研活动意愿和倾向性。科研动机包括两种主要类型,内在动机(Intrinsic motivation)和外在动机(Extrinsic motivation)。

内在动机是指活动体为了追求自身的乐趣、享受而从事科研活动,这些乐趣来自解决科研活动中的复杂问题。在内在动机的驱使下,活动体通过科研活动扩展了自己的知识,并感受到了内心的快乐与满足,因此内在动机是活动体内在需求的表现[155][156][157],是其积极持续开展科研活动的最根本的动力。

与内在动机不同,外在动机是指活动体由外部因素驱动而从事科研活动,相对于科研任务本身,活动体更加重视任务所获得的结果,如追求金钱、名誉、奖励,或是在一些负面、消极因素的激励下(如最后期限、制裁等)执行科研任务。尽管外在动机可能会对内在动机产生一定的“排挤效应”,但研究者们认为外在动机对科研绩效有积极影响[155][156][157]。

动机是一种心理过程,无论是内在动机还是外在动机,都通过一定的外在行为表现出来。在科研活动中,动机的表现形式包括:科研活动投入时间、从事某项科研活动的积极性等。

3. 成效

活动体科研活动的成效包括两部分:一部分是通过科研活动获得学术声望,另一部分是通过产出和传递科研信息表现出来的学术水平,如表 4-3 所示。

表 4-3 活动体的成效

<table>
<tr><th colspan="2">成　效</th><th>说　明</th></tr>
<tr><td rowspan="3">1. 学术声望</td><td>职级</td><td>职称职务、级别、头衔等</td></tr>
<tr><td>学术任职</td><td>学术期刊、学术组织任职,教学水平等</td></tr>
<tr><td>奖项</td><td>科技奖项</td></tr>
<tr><td rowspan="3">2. 科研产出</td><td>生产力</td><td>产出规模、投入产出效率等</td></tr>
<tr><td>创新性</td><td>新颖性、颠覆性等</td></tr>
<tr><td>影响力</td><td>学术影响力、社会影响力等</td></tr>
</table>

4.3.3 载体的属性与成效

在本研究中定义的科研生态系统中，载体包括三种类型：科研成果（论文、专利、学科、科研设备、数据等）、学术交流媒介（期刊、图书/专著、会议、数据库、自媒体平台等）、科研项目（计划、规划）/科研政策（见4.1.2小节）。本小节将对载体的自然属性、社会属性和成效进行定义。

1. 自然属性

载体的自然属性包括基本信息、形式和内容三部分，如表4-4所示。

表4-4 载体的自然属性

自然属性		说明
1. 基本信息	时间	发布时间、时效性、发展阶段等
	历史	发展背景、历程等
	地理	出版地、举办地等
	适用性	适用范围、适用对象、使用方式等
	创作者	创作者规模等
2. 形式	类型	数据类型等
	规范	文本规范、数据质量等
	体量结构	规模体量、内容结构等
	语言	语种
3. 内容	学科	隶属学科特征、学科交叉等
	主题	标题、文摘、主题词、摘要/主旨、参考文献等

2. 社会属性

在本书的4.3.1小节，将载体的社会属性定义为其在科研活动中形成的学术价值。

载体的学术价值是评估该载体在科研活动中重要性和贡献的标准。有关学术价值的概念界定，学界并没有统一的标准，但多个研究都认为“创新性”是学术价值的核心要素。李睿明认为：价值是科学论文的灵魂，决定其生命力和影响力，论文价值的评价可以从作者提出、发现、创造、预见和证明了什么来开展[158]。索传军等人认为：一篇学术论文的学术价值是由作者在长期科学研究过程中基于前人研究成果的基础上产生的新思想、新方法、新观点等的具体体现。因而，一篇学术论文的学术价值大小、质量高低，首先取决于其创新性的有无和创新度的高低[159]。毕崇武等人认为，学术价值的本质是一种学术增量，其主要表现形式为：知识针对某一科学领域创造、深化和发展出的新理论、新方法、新资料、新数据等[160]。综上，本研究中将载体的学术价值界定在“创新性”的范畴。

创新是一种新的或改进的产品或工艺（或组合），这些产品和工艺与之前相比有显著差异，并且已经提供给潜在用户（产品）或被某个单元（过程）投入使用[161]。创新是具有附加值的新奇事物，它既是一个过程，也是一个结果[162]。知识和信息作为一种特殊的“产品”，其创新性是指创造出新的、有创意的、独特的、符合市场需求的知识产品或知识服务。在本研究定义的科研生态系统中，科研成果、学术交流媒介等作为知识和信息的载体，其创新性的内涵是多角度、多元化的，包括：提出新理论、新观点、新方法、新成果，对已有观点的查漏补缺、质疑修正、发展完善，对前人的假设预言进行探究发现和实验论证，将感性层面的认识转换为理性层面的认识等[163]。

需要指出的是，对科研成果、学术交流媒介、科研政策等载体而言，一经发布，它研究的问题、问题解决的程度、研究结果的创新度，就已经形成，或者说其价值就已经形成，成为客观事实。换而言之，一经载体发布，其所研究问题的性质、方法、结论、创新性等属性就是相对客观的[164]。由于科学共同体认知能力的差异，对载体创新性的评价可能不尽相同，但创新性本身一旦形成后不会改变，不受科学共同体的评价所影响。因此，在本研究中，载体的社会属性——学术价值，即：创新性是一个客观的属性，体现的是载体的内生价值。

3. 成效

载体的成效可以归纳为生产力、影响力和应用价值三种类型，如表 4-5 所示。

表 4-5　载体的成效

属　　性		说　　明
1. 生产力	产出规模*	成果产出的体量和规模
2. 影响力	学术影响	受关注度、学术传播、学科贡献等
	社会影响	经济、社会、文化、公共政策影响等
3. 应用价值	使用特征	被使用、被执行情况
	转移转化	开发、应用、推广，产业化等

* 产出规模属性适用于包含多个科研成果的载体，如学术期刊、学科等，单个科研成果的载体不具有产出规模属性，如单篇论文、单个科研政策等。

4.3.4　属性、成效之间的作用关系

根据4.2小节的科研生态系统元素的作用机制可以看出，科研生态系统中每个活动体和载体都具有属性（自然属性、社会属性）及成效，这些属性和成效从根本上确立了元素之间的相互作用关系，从而完成整个科研生态系统的运行，保持系统的稳定。因此，科研活动元素之间的作用关系本质上是其属性/成效之间的作用关系。

科研活动中元素的作用关系可能发生在同一元素的属性/成效之间，如科研人员年龄和产出规模，科研论文的学科交叉性与影响力等，也可能发生在不同元素的属性/成效之间，如：科研项目的执行周期与产出成果规模。本小节将分别描述这两种情况下元素属性与成效之间的作用关系。

1. 同一元素的属性/成效之间的关系

（1）同一属性/成效之间相互作用

对于同一元素而言，同一属性/成效之间（自然属性除外）可以相互作用、产生影响，社会属性影响社会属性，成效影响成效。如：科研人员的交流沟通能力影响组织管理能力；论文的产出规模影响其学术影响力。

（2）自然属性影响社会属性

人的自然属性是人存在的基础，是人的社会属性的物质前提和依托[165]，没有自然属性就没有社会属性。在科研生态系统中，活动体由具有主观能动性的人组成，活动体的自然属性是其从事科研活动的基础，为科研活动提供必备要素，决定了活动体在科研活动所必需的素质、条件，即社会属性。如：科研人员的教育背景决定其知识储备。

对于载体而言，载体的自然属性反映了其最基本的特征，是其社会属性——学术价值最根本的影响因素。如：论文的学科交叉性影响其创新性。

因此，科研活动元素的自然属性会影响社会属性。

（3）社会属性影响成效

活动体的科研活动成效是其具有一定的社会属性（能力、机会、动机）的情况下，参与科研活动所获得的收益和结果。活动体科研能力的提升，科研机会的增加，科研动机的提升，都会促使科研活动获得更好的成效。如：协同合作能力的提升有利于活动体开展更为广泛的科研合作，进而提升机构在科研界的学术声望。

对载体而言，载体的社会属性——学术价值决定了其在科研活动中发挥的作用——成效。载体的学术价值越高，被科学共同体认可的程度可能更高，相应地学术影响力会有所增加，也有可能具有更高的应用价值。如：创新性高的科研成果可能催生技术产品的变革。

因此，科研活动元素的社会属性会影响科研活动的成效。

（4）成效影响（反映）社会属性

对活动体而言，学术声望是其重要的科研活动成效之一，由于学术声望的累积具有马太效应[129]，高学术声望的活动体可能获得更多的科研资源，为其后续的科研活动提供更为丰富的科研机会，激发活动体的科研兴趣，促进活动体科研能力的提升。如：科研人员的国际学术组织任职有利于其开展科研合作；在国家层面，国际组织任职情况可能影响其大装置科研合作的主导地位。

对于载体而言，其社会属性——学术价值决定了科研活动的成效；换句话说，科研活动的成效是其学术价值的反映和体现，在科研活动中产生良好成效的载体，通常表明其具有较高的学术价值。

因此，活动体的成效影响其社会属性，载体的成效是社会属性的反映。

综上所述，对于同一元素的属性/成效而言，同一属性/成效之间可以相互作用影响；自然属性、社会属性、成效依次为上下游关系，社会属性和成效可能互为上下游关系。如图 4-7 所示。

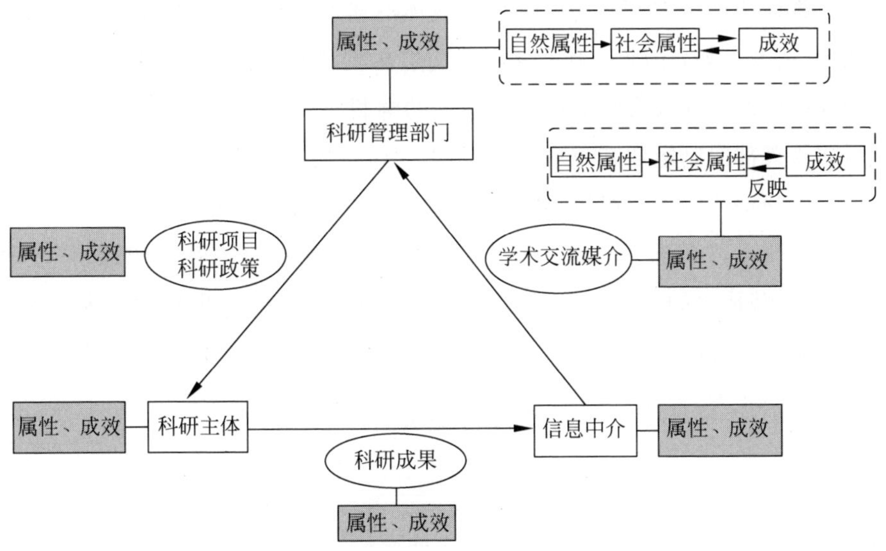

图 4-7　同一元素属性/成效之间的作用关系

2. 不同元素的属性/成效之间的关系

科研生态系统中的元素之间是相互作用和相互影响的，且元素之间的作用关系具有方向性，位于上游的元素会对下游的元素产生作用(见 4.1.2 节)。元素的属性/成效确立了元素之间的相互作用关系，因此，活动体、载体的属性/成效按照科研生态系统的循环方向(逆时针方向)发生作用关系，上游元素对下游元素的属性/成效产生影响，其主要影响如下。

(1) 活动体的属性/成效影响其下游作用载体的属性/成效

产出和传递科研信息是活动体在科研活动中的成效之一，这些科研产出是通过载体来体现的，因此活动体的属性会影响其下游载体的属性和成效。如：科研人员的科研合作会对其成果的影响力产生影响；科研管理部门的行政级别会对其发布政策的执行效果产生影响；期刊出版商的等级会影响期刊的学术影响力等。

（2）载体的属性/成效影响其下游活动体的属性/成效

载体是上下游活动体之间作用关系的实现中介，上游活动体的创造与产出通过载体传递给下游活动体，因此，载体的属性/成效会影响其下游活动体的属性/成效。如：国际合作政策的执行会影响科研人员国际合作行为，学科科研成果的产出规模会影响期刊出版商的学科布局，学术期刊的学科布局催生科研管理部门制定期刊布局调整、集群化建设的管理政策等。

上述活动体—下游载体、载体—下游活动体属性/成效之间的作用关系，完成了科研生态系统中不同元素属性/成效之间的作用关系的传递，任意两个活动体、载体之间的属性/成效之间的作用关系，均可通过上述两种关系的顺序传递来实现。如图4-8所示。

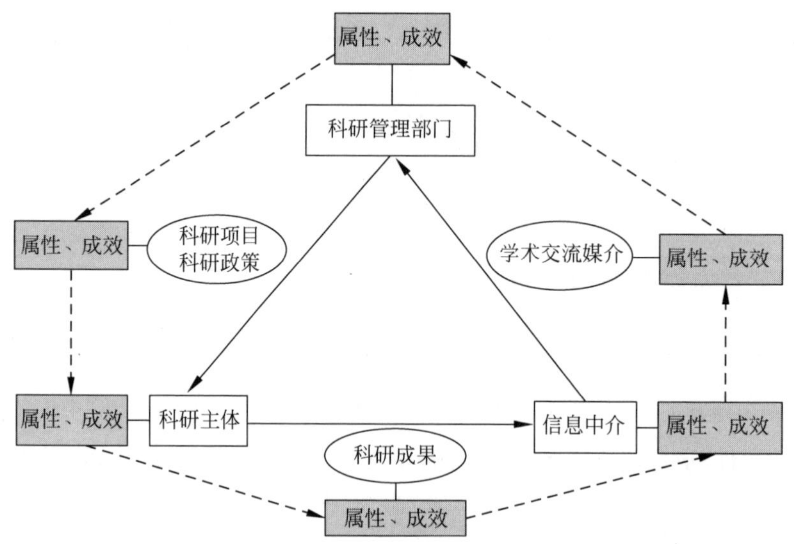

图 4-8 不同元素属性/成效之间的作用关系

4.4 本章小结

科研活动中倒U型现象的形成机制挖掘，新的倒U型现象的发现，都依赖于对科研活动元素特征及元素间关联关系的了解。由于生态系统和科研系统同属广义的社会系统范畴，两个系统具有相似的功能和机制，因此，生态系统的相关理论可以被借鉴到科研系统中。本章以“生态系统”的定义、关联关系及作用机制作为参考，构建了一套科研活动元素的关联框架，将其命名为“科研生态系统”。

科研生态系统指科研活动的主要参与部门及其依赖的科研环境之间形成的统一整体。本研究中将科研活动的主要参与部门定义为活动体，包括科研主体、信息中介和科研管理部门。三个主体之间的知识和信息的传递借助载体（科研成果、学术交流媒介、科研项目/科研政策）来实现。本研究将科研生态系统的元素界定在活动体和载体范围内。科研生态系统中的元素之间存在相互作用关系，且作用关系具有方向性。

在科研生态系统中，每个元素均具有属性（自然属性和社会属性）和成效：活动体的自然属性包括基本信息、教育背景和科研背景；社会属性包括能力、机会和动机；成效包括活动体通过科研活动获得的学术声望以及产出和传递科研信息。载体的自然属性包括基本信息、形式属性和内容属性；社会属性主要指其学术价值，即创新性；成效包括产出规模、学术影响力及应用价值。上述元素的属性/成效从根本上确立了科研活动元素之间的作用关系。

科研生态系统中元素之间的作用关系具有方向性，而元素之间作用关系本质上是属性/成效之间的作用关系，因此元素的属性/成效之间的作用关系也是具有方向性的。对于同一活动元素的属性/成效而言，同一属性/成效之间相互影响；不同属性/成效之间作用关系满足：自然属性影响社会属性，社会属性影响成效，成效影响（反映）社会属性。不同活动元素的属性/成效之间的关系遵循以下原则：按照科研生态系统的循环方向发生作用关系，上游元素对下游元素的属性/成效产生影响。

科研生态系统按照倒U型现象元素的特征，将科研活动中的元素系统、有机地组织起来，描述了各元素的特征及作用关系，基于这一系统，能够定位发生倒U型现象的科研活动元素及潜在作用因素，为挖掘倒U型现象形成机制提供元素基础。

第5章 科研活动中倒U型现象的形成机制挖掘

在本书的第3章，总结归纳了社会系统中倒U型现象的普适性形成机制，构建了形成机制模型。这一模型为社会系统中其他子系统倒U型现象机制的挖掘提供了一个基础框架。在此框架的基础上，通过与各领域活动元素特征相结合，可构建出适用于不同子系统倒U型现象的形成机制模型。

本章的研究目标是以社会系统中倒U型现象的形成机制为理论基础，聚焦科研系统，挖掘科研活动中倒U型现象的形成机制。科研系统作为社会系统的子系统之一，科研活动的倒U型现象形成机制模型可以基于社会系统的机制框架构建，是社会系统形成机制与科研活动元素特征的融合。

在本书第4章构建的科研生态系统，将位于科研活动不同部门、不同流程中的元素系统、有机地组织起来，描述了科研活动中元素的特征及作用关系。因此，本章在社会系统倒U型现象形成机制(第3章)的基础上，结合科研生态系统中科研活动元素的特征及作用关系(第4章)，挖掘科研活动中倒U型现象的形成机制，构建形成机制模型。并应用形成机制模型对已发现的科研活动中的倒U型现象进行解释，验证形成机制的合理性。

在社会系统倒U型现象的形成机制模型中，自变量(X)和因变量(Y)之间的倒U型关系的形成，本质上是由两个潜在作用因素(A、B)交互形成的，交互的方式包括："收益—成本"叠加效应($Y=A-B$)和"绩效/价值"交互效应($Y=A\cdot B$)。

聚焦科研系统,挖掘科研活动中倒U型现象的形成机制,构建科研活动中的形成机制模型,需要回答这样几个问题:

(1) 如何定位科研活动中倒U型现象的自变量(X)和因变量(Y)?

(2) 科研活动中倒U型现象形成的潜在作用因素(A、B)是哪些?

(3) 科研活动中倒U型现象是怎么形成的?自变量、因变量和潜在作用因素是通过哪种方式交互形成的倒U型现象,“收益—成本”叠加效应($Y=A-B$)还是“绩效/价值”交互效应($Y=A\cdot B$)?

本章的3个小节分别回答以上三个问题:5.1节对科研活动中倒U型现象自变量、因变量进行定位;5.2节对科研活动中倒U型现象潜在作用因素进行探测;5.3节构建科研活动中倒U型现象的形成机制模型。

5.1 倒U型现象自变量(X)与因变量(Y)的定位

本小节将回答本章引言中的第一个问题:如何定位科研活动中倒U型现象的自变量(X)和因变量(Y)?首先对自变量、因变量的定位原则进行界定,进而引入若干倒U型现象案例说明定位原则的合理性。

5.1.1 自变量与因变量的定位原则

根据第4章科研生态系统的作用机制,科研活动元素的属性/成效是整个系统运转的关键要素,在这些属性/成效的作用下,整个系统能够保持稳定的运行状态。因此,科研活动中的各种关系,本质上都是发生在科研生态系统元素的属性和成效之间。倒U型关系亦是如此:在科研生态系统中,倒U型现象的自变量和因变量均为元素的属性/成效。

同时，对倒U型关系而言，自变量和因变量之间的作用关系是具有方向性的。在科研生态系统中，元素的属性/成效之间的作用关系也是具有方向性的(见4.3.4节)。本小节根据4.3.4小节中元素的属性/成效之间作用关系的方向性，确定了倒U型现象自变量和因变量的定位原则，作为自变量与因变量的属性/成效在科研生态系统中的位置应遵循如下任意一个原则：(1)自变量和因变量为同一元素同一属性(社会属性或成效)。(2)作为自变量的属性/成效位于因变量的上游位置。

需要说明的是，本研究定义的科研生态系统中，自然属性是活动体和载体"与生俱来"的基本特征，基本不随科研活动的变化而变化。它可以对社会属性、成效产生作用，但反过来它不受社会属性和成效的影响。因此，在倒U型关系中，自然属性只可能定位为自变量，不可能定位为因变量。

倒U型现象可能发生在同一元素的属性/成效之间(如科研人员的年龄和产出规模)，也可能发生在不同元素的属性/成效之间(如科研项目的执行周期与成果产出规模)(见4.3.4节)。对于这两种不同类型的倒U型关系，自变量、因变量的定位原则分别如下所示。

1. 同一科研活动元素属性/成效之间倒U型现象

同一科研活动元素属性/成效之间的作用关系为：自然属性影响社会属性，社会属性影响成效，成效影响(反映)社会属性(见4.3.4节)。自然属性、社会属性、成效依次为上下游关系，社会属性和成效可能互为上下游关系。

根据上述作用关系，同一科研活动元素/成效之间倒U型现象的自变量和因变量定位如表5-1所示。

表5-1 同一科研活动元素属性/成效之间倒U型现象的自变量和因变量定位

自变量(*X*)	因变量(*Y*)
自然属性	社会属性
自然属性	成效
社会属性	社会属性
社会属性	成效

续表

自变量(*X*)	因变量(*Y*)
成效	社会属性
成效	成效

2. 不同科研活动元素属性/成效之间的倒U型现象

前文中提到,活动体、载体的属性/成效按照科研生态系统的循环方向发生作用关系,上游元素对下游元素的属性/成效产生影响(见4.3.4小节)。因此,对于不同科研元素属性/成效之间的倒U型现象而言,按照科研生态系统循环的方向确定的上下游位置,作为自变量的属性/成效位于因变量的上游位置(见图4-8)。

5.1.2 定位案例:活动体的倒U型现象

1. 自然属性与社会属性之间的倒U型现象

- 科研人员:科研经验—科研合作网络地位

对于科研人员而言,并非研究经验越多,在科研合作网络的中心地位越高,科研人员的科研经验与科研合作网络地位之间呈现倒U型关系[44][45]。倒U型关系的发生对象、自变量、因变量定位见表5-2。

表5-2 科研人员工作经验—科研合作中心度倒U型现象的自变量与因变量定位

变　量	名　称	定　位
对象	科研人员	科研主体
自变量	科研经验	自然属性:科研背景—科研经历
因变量	科研合作网络地位	社会属性:能力—社交管理能力

2. 自然属性与成效之间的倒U型现象

- 科研人员:知识背景多样性—社会影响力

在跨学科研究中,科研人员的知识背景多样性与其社会影响力之间存在倒U型关系[41]。倒U型关系的发生对象、自变量、因变量定位见表5-3。

表5-3 科研人员知识背景多样性—社会影响力倒U型现象的自变量与因变量定位

变 量	名 称	定 位
对象	科研人员	科研主体
自变量	知识背景多样性	自然属性：科研背景—学科
因变量	社会影响力	成效：科研产出—影响力

• 博士生：与导师的亲密关系—产出规模

博士生与导师的亲密关系与其科研产出规模之间呈倒U型关系。博士生与导师的关系并非越亲密越好，中等亲密关系的博士生产出规模最大[40]。倒U型关系的发生对象、自变量、因变量定位见表5-4。

表5-4 博士生与导师的亲密关系—产出规模倒U型现象的自变量与因变量定位

变 量	名 称	定 位
对象	博士生	科研主体
自变量	与导师的亲密关系	自然属性：基本信息—家庭社会关系
因变量	产出规模	成效：科研产出—生产力

• 科研人员：年龄—产出规模

多个研究表明，科研人员年龄与科研产出规模之间具有倒U型关系，其发表论文的数量随年龄增大呈先上升后下降的发展趋势，处于职业生涯中期的科研人员产出的论文数量最多[34][35][36][37]。倒U型关系的发生对象、自变量、因变量定位见表5-5。

表5-5 科研人员年龄—产出规模倒U型现象的自变量与因变量定位

变 量	名 称	定 位
对象	科研人员	科研主体
自变量	年龄	自然属性：基本信息—生理信息
因变量	产出规模	成效：科研产出—生产力

3. 社会属性之间的倒 U 型现象

• 科研机构：政策注意力—执行力

地方政府环境政策注意力与执行力呈倒 U 型关系。地方政府保持适当注意力时，执行力最好[78]。科研政策的执行也可能遵循类似的规律：科研机构作为科研政策执行的主体部门，上级管理部门制定政策的注意力与执行力之间存在倒 U 型关系。倒 U 型关系的发生对象、自变量、因变量定位见表 5-6。

表 5-6　科研机构政策注意力—执行力倒 U 型现象的自变量与因变量定位

变　　量	名　　称	定　　位
对象	科研机构	科研主体
自变量	政策注意力	社会属性：动机—政策执行积极性
因变量	政策执行力	社会属性：能力—执行力

4. 社会属性—成效之间的倒 U 型现象

• 团队：规模—创新性/产出效率

团队规模与创新及其科研创新性之间存在着倒 U 型关系，中等规模的团队创新性最高[47]。Perović 等人发现费米实验室的团队规模与产出效率之间的关系呈现倒 U 型关系，团队的规模不宜过大或过小，在达到中等最佳的规模时，实验室的产出效率最高[48]。这组倒 U 型关系的发生对象、自变量、因变量定位见表 5-7。

表 5-7　团队规模—创新性/产出效率倒 U 型现象的自变量与因变量定位

变　　量	名　　称	定　　位
对象	团队	科研主体
自变量	规模	社会属性：机会—硬资源(人力资源)
因变量	创新性/产出效率	成效：科研产出—创新性/生产力

• 团队：员工多团队属性—生产力/创新性

团队中员工的多团队属性与团队生产力/创新性之间存在着倒U型关系。团队员工同时服务于多个团队有助于本团队创新活动的开展，但服务于过多团队时反而不利于创新，只有员工保持适度的多团队属性时，才能有效提升本团队的生产力及创新性[49][50]。倒U型关系的发生对象、自变量、因变量定位见表5-8。

表5-8 员工多团队属性—生产力/创新性倒U型现象的自变量与因变量定位

变　量	名　称	定　位
对象	团队	科研主体
自变量	员工多团队属性	社会属性：机会—硬资源(人力资源)
因变量	生产力/创新性	成效：科研产出—生产力/创新性

- 团队：成员的地位差异性—创新性

团队成员的地位差异性对团队创新性的影响呈现倒U型曲线效应，适度的地位差异性才有利于团队创新性提升[52]。倒U型关系的发生对象、自变量、因变量定位见表5-9。

表5-9 团队成员的地位差异性—创新性倒U型现象的自变量与因变量定位

变　量	名　称	定　位
对象	团队	科研主体
自变量	成员的地位差异性	社会属性：能力—组织管理能力
因变量	创新性	成效：科研产出—创新性

- 项目团队：负责人合作桥接能力—创新性

科研项目负责人在科研合作网络中的桥接能力与该项目的创新性之间存在倒U型关系。发挥中度“桥梁”作用的负责人牵头的项目创新性最高[64]。在这一倒U型关系中，科研项目的创新能力取决于项目团队的能力，因此这一倒U型关系其实是项目团队负责人的合作桥接能力与团队创新性之间的关系。倒U型关系的发生对象、自变量、因变量定位见表5-10。

表 5-10　项目团队负责人合作桥接能力—创新性倒 U 型现象的自变量与因变量定位

变　　量	名　　称	定　　位
对象	项目团队	科研主体
自变量	负责人合作桥接能力	社会属性：能力—协同合作能力
因变量	创新性	成效：科研产出—创新性

• 机构：辅助人员比例—产出规模

在总体人数既定的情况下，中国科学院科研辅助人员的比例与全院的科研产出规模之间呈现倒 U 型关系，适当的辅助人员比例有利于产出规模的扩大[51]。倒 U 型关系的发生对象、自变量、因变量定位见表 5-11。

表 5-11　机构辅助人员比例—产出规模倒 U 型现象的自变量与因变量定位

变　　量	名　　称	定　　位
对象	机构	科研主体
自变量	辅助人员比例	社会属性：机会—人力资源(岗位类型分布)
因变量	产出规模	成效：科研产出—生产力

• 高校：与企业合作的广度、深度—产出规模

高校与企业合作的广度、深度与产出规模呈倒 U 型关系。高校与企业保持一定广度和深度的合作，其生产力达到最高[59]。倒 U 型关系的发生对象、自变量、因变量定位见表 5-12。

表 5-12　高校与企业合作的广度、深度—产出规模倒 U 型现象的自变量与因变量定位

变　　量	名　　称	定　　位
对象	高校	科研主体
自变量	与企业合作的广度、深度	社会属性：能力—协同合作能力
因变量	产出规模	成效：科研产出—生产力

• 高校：学术商业化程度—教学水平

高校学术商业化程度与教学水平之间存在倒 U 型关系，适度商业化有利于教学水平的提升[8]。高校学术商业化的主要表现是高校与企业等商业部

门开展合作，因此这一倒 U 型关系本质上是高校与企业等商业部门合作规模与教学水平之间的倒 U 型关系，倒 U 型关系的发生对象、自变量、因变量定位见表 5-13。

表 5-13　学术产业化—教学水平倒 U 型现象的自变量与因变量定位

变　量	名　称	定　位
对象	科研人员	科研主体
自变量	学术商业化	社会属性：能力—协同合作能力
因变量	教学水平	成效：学术声望—学术任职

5．成效之间的倒 U 型现象

- 科研人员：技术研发规模—基础研究产出规模

对基础研究为主的科研人员而言，其技术研发规模与基础研究产出规模之间存在倒 U 型关系。适度参与技术创新可以提升科研人员论文的产量，但过度技术创新会对论文产量造成负面影响[76]。倒 U 型关系的发生对象、自变量、因变量定位见表 5-14。

表 5-14　科研人员技术研发规模—基础研究产出规模倒 U 型现象的自变量与因变量定位

变　量	名　称	定　位
对象	科研人员	科研主体
自变量	技术研发规模	成效：科研产出—生产力（专利产出规模）
因变量	基础研究产出规模	成效：科研产出—生产力（论文产出规模）

5.1.3　定位案例：载体的倒 U 型现象

现有研究中的倒 U 型现象，均属于自然属性—成效之间的倒 U 型现象。

- 论文：学科交叉性—学术影响力

论文的学科交叉性对其学术影响力有促进作用，但并非学科交叉性越高越好，多位学者的研究表明，中等学科交叉度的学术影响力最高，论文的学科交叉与论文的学术影响力之间呈现倒 U 型关系[69][70][71]。倒 U 型关系的发生对象、自变量、因变量定位见表 5-15。

表 5-15　科研论文学科交叉性—学术影响力倒 U 型现象的自变量与因变量定位

变　　量	名　　称	定　　位
对象	科研论文	科研主体
自变量	学科交叉性	自然属性：内容—学科
因变量	学术影响力	成效：影响力—学术影响

• 论文：关键词热度—学术影响力

论文关键词的热度和论文的学术影响力之间存在倒 U 型关系，由中等热度关键词组配的论文，可能会获得较高的被引频次[56]。倒 U 型关系的发生对象、自变量、因变量定位见表 5-16。

表 5-16　科研论文关键词热度—学术影响力倒 U 型现象的自变量与因变量定位

变　　量	名　　称	定　　位
对象	科研论文	科研主体
自变量	关键词热度	自然属性：内容—关键词
因变量	学术影响力	成效：影响力—学术影响

• 学科：发展阶段—论文增长率

不同发展阶段的学科科研产出规模不同。从起步期到成熟期，学科产出论文数量的增长率由低到高再变低，符合倒 U 型曲线的特征。倒 U 型关系的发生对象、自变量、因变量定位见表 5-17。

表 5-17　学科发展阶段—论文增长率倒 U 型现象的自变量与因变量定位

变　　量	名　　称	定　　位
对象	学科	科研主体
自变量	发展阶段	自然属性：基本信息—时间
因变量	论文增长率	成效：生产力—产出规模

• 期刊：论文的本土化程度—学术影响力

学术期刊论文的国家多样性与期刊影响因子之间的关系可以描述为倒U型曲线。刊载论文保持适度国家多样性的期刊可能具有更高的学术影响力[73]。倒U型关系的发生对象、自变量、因变量定位见表5-18。

表5-18 学术期刊论文的国家多样性—学术影响力倒U型现象的自变量与因变量定位

变量	名称	定位
对象	学术期刊	科研主体
自变量	论文的国家多样性	自然属性：形式—内容结构
因变量	学术影响力	成效：影响力—学术影响

5.1.4 定位案例：不同元素之间的倒U型现象

• 科研项目：执行时间—项目团队：产出规模

英国REF项目评估中，科研项目的执行时间与项目成果的产出规模之间呈倒U型关系。在项目刚刚启动的时间以及接近结题的时间，产出成果规模均不会很大，项目中期时产出成果最多[68]。在这一倒U型关系中，因变量项目成果的产出规模是项目团队生产力的体现，因此，因变量定位在项目团队的产出规模。整体倒U型关系的自变量、因变量定位如图5-1所示。

• 领域：热度—科研人员：进入领域的意愿

领域热度与科研人员进入领域的意愿之间可能存在倒U型关系。科研人员最愿意进入中等热度的领域开展研究工作。

在这一倒U型关系中，自变量领域的"热度"属于载体"科研成果"(学科领域)成效中的"影响力"，因变量"科研人员进入领域的意愿"属于活动体"科研主体"社会属性中"动机"中的"外在动机"(如图5-2所示)。

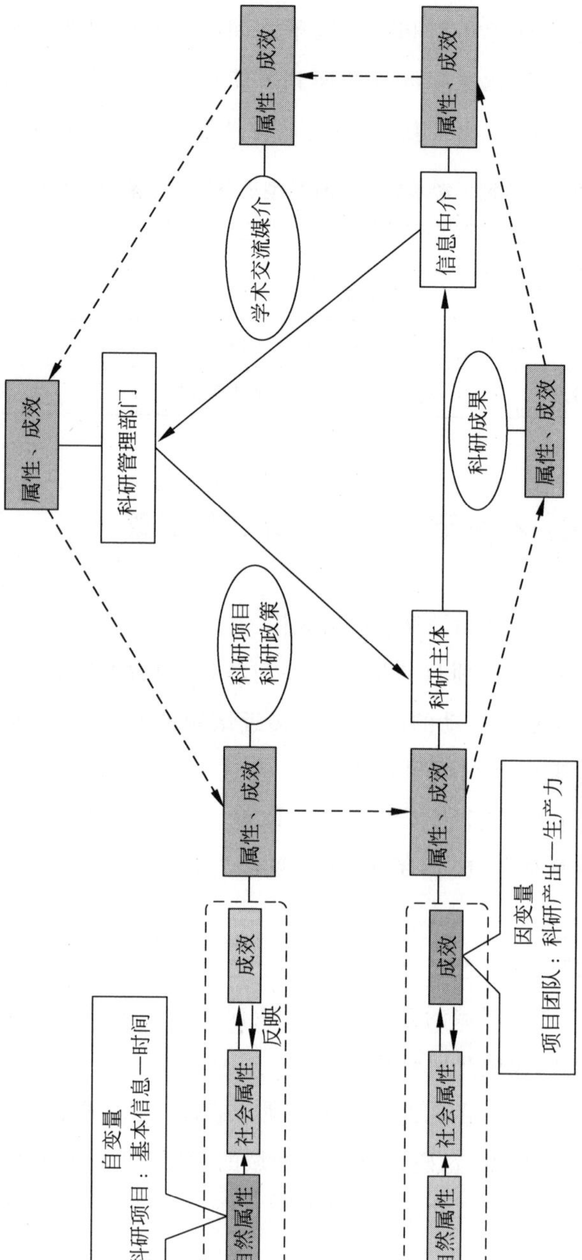

图 5-1 科研项目执行时间—项目团队产出规模倒 U 型关系的自变量、因变量定位

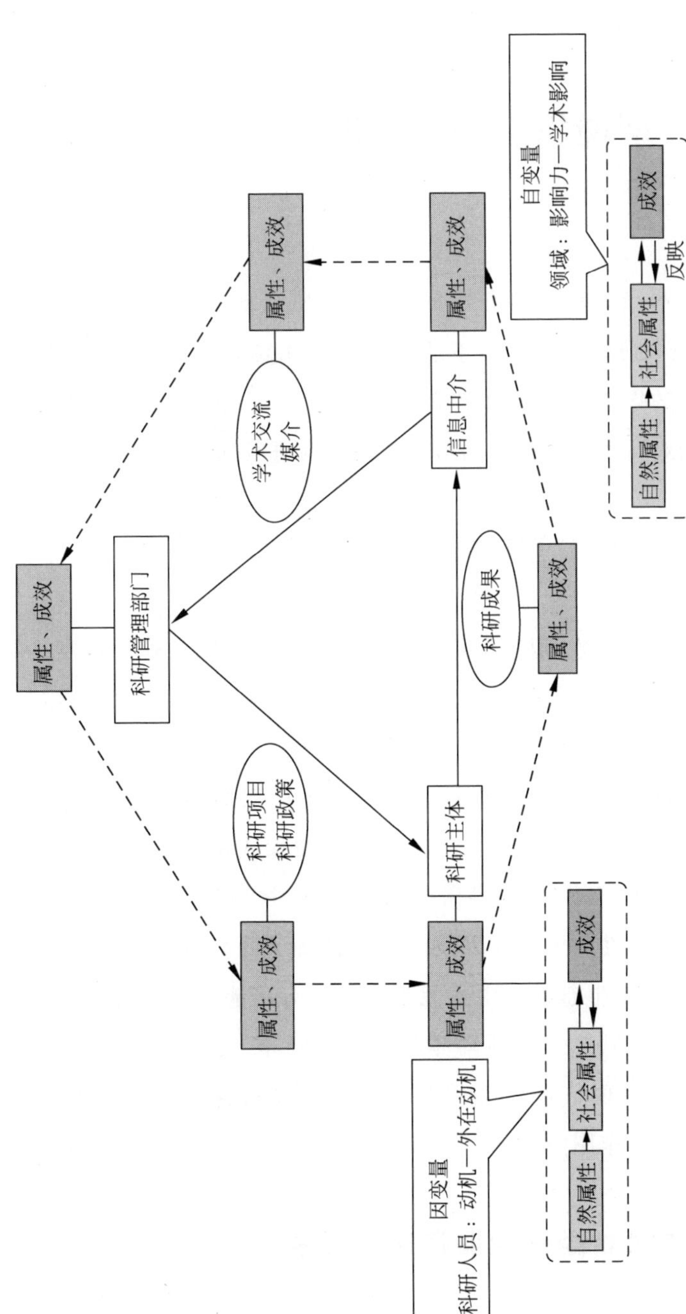

图 5-2　领域热度—科研人员进入领域意愿倒 U 型关系的自变量、因变量定位

5.2 倒U型现象潜在作用因素(*A*、*B*)的探测

本小节将回答本章引言中的第二个问题：科研活动中倒U型现象形成的潜在作用因素(*A*、*B*)是哪些？由于活动体与载体具有不同的属性/成效，在科研活动中发挥的作用也不同，发生倒U型现象中的潜在作用因素也有所区别。本小节分别对活动体和载体的潜在作用因素进行探测。

5.2.1 活动体倒U型现象潜在作用因素

在本研究的4.2.2小节，阐述了科研生态系统元素之间的作用机制。基于这一作用机制可以看出：在科研生态系统中，活动体在自然属性的作用下，形成一定的社会属性，开展科研活动产生一定的成效。

对活动体而言，社会属性是开展科研活动必备的素质、条件和状态。社会属性任意一个维度的增加，能力的提升、机会的增加或是动机的激发，都有助于提升活动体的学术声望，促进科研产出。可见，社会属性是活动体在科研活动中发挥主观能动性的关键性因素。只有具备了社会属性，活动体才有可能开展科研活动，科研生态系统中各元素之间才有可能发生作用关系。因此，社会属性是促使活动体之间、活动体与载体之间相互作用的内在推动因素。对活动体的倒U型现象而言，社会属性(能力、动机、机会)即为自变量、因变量发生关系的潜在作用因素。

5.2.2 载体倒U型现象潜在作用因素

根据科研生态系统的作用机制(4.2.2小节)，在科研生态系统中，载体在

具备了自然属性的基础上，形成了自身的社会属性——学术价值，使得载体可以在科研活动中发挥作用，获得成效。

载体学术价值的高低直接决定了其在生态系统中发挥作用的大小，及获得的成效，进而决定了其对下游活动体产生的影响，如：高创新性的科研成果可能助力领域开拓新的研究方向，进而影响期刊出版商期刊学科布局的调整、科研管理部门的学科战略规划政策制定。可见，社会属性——学术价值是载体在科研生态系统中发挥作用的关键因素，也是载体自身的属性之间、载体与活动体之间作用关系的内在推动因素。在载体的倒U型现象中，社会属性——学术价值是自变量、因变量发生关系的潜在作用因素之一。

此外，对载体而言，载体在科研生态系统中取得的成效，除了受到载体社会属性——学术价值的影响外，还与科学共同体及其他评价主体（如社会媒体等）的评价密切相关。评价是评价主体依据评价标准对不同评价客体的价值进行判断和比较的过程，判断的依据包括对评价客体的内在价值，以及对自己需求的满足程度[164]。本研究定义的载体的成效包括生产力、影响力和应用价值三个方面。其中，影响力和应用价值的高低是学术共同体或其他评价主体对载体学术价值认知的基础上，进行主观评价的结果。例如：论文的被引频次是学术影响力的测度指标之一，科研人员是否引用某篇论文，一方面取决于其在对论文学术价值的理解程度，另一方面取决于与自己研究工作的联系紧密程度，两方面因素决定了科研人员对论文的认可程度，最终做出是否引用的主观判断。因此，载体在科研生态系统中取得的成效是自身客观的学术价值与评价主体主观评价共同作用的结果。评价属性是除学术价值外，载体成效的重要影响因素之一。因此，对载体的倒U型现象而言，特别是与成效相关的倒U型现象，评价属性（认可程度）是另一个潜在作用因素。

综上，载体倒U型现象的潜在作用因素包括：载体的社会属性（学术价值）和评价主体的评价属性（认可程度）。

5.3 倒U型现象的形成机制模型构建

在本章的前2小节，分别对科研活动中的倒U型现象的自变量、因变量，以及潜在作用因素进行了界定，回答了本章引言中的前2个问题。本小节将在前2小节研究的基础上，聚焦自变量、因变量和潜在影响作用因素之间的交互效应，回答引言中的第3个问题：科研活动中倒U型现象是怎么形成的？自变量、因变量和潜在作用因素是通过哪种方式交互形成的倒U型现象，“收益—成本”叠加效应（$Y=A-B$）还是“绩效/价值”交互效应（$Y=A\cdot B$）？

综上，本小节的研究内容是挖掘科研活动中倒U型现象的形成机制，构建形成机制模型，并应用模型对已发现的科研活动中的倒U型现象进行解释，验证模型的合理性。

5.3.1 形成机制模型构建

1. 活动体倒U型现象的形成机制模型

在5.1和5.2小节对科研活动中倒U型现象的自变量、因变量和潜在作用因素的定位中，活动体倒U型现象的自变量和因变量均为活动体的属性或成效，潜在作用因素为活动体的社会属性，即活动体的能力、动机和机会。

根据本书的第3章构建的社会系统倒U型现象的形成机制理论，活动体作为具有主观能动性的主体，形成机制模型包括两种类型：“收益—成本”叠加效应和“能力—动机—机会”交互效应。活动体的潜在作用因素——能力、动机、机会通过这两种模型中的交互效应，形成科研活动中的倒U型现象。

在“收益—成本”叠加效应中，一个潜在作用因素（能力/动机/机会）为“收益”——因变量的积极影响因素，另一个潜在作用因素（能力/动机/机会）为“成本”—因变量的消极影响因素。当作为自变量的活动体属性/成效发生变化时，潜在作用因素“收益”和“成本”均随之发生同向变化。倒U型现象之所以形成，是由于自变量水平变化带来的“收益”无法平衡“成本”带来的因变量损失，即发生俗称的“得不偿失”现象[166]（如图5-3所示）。

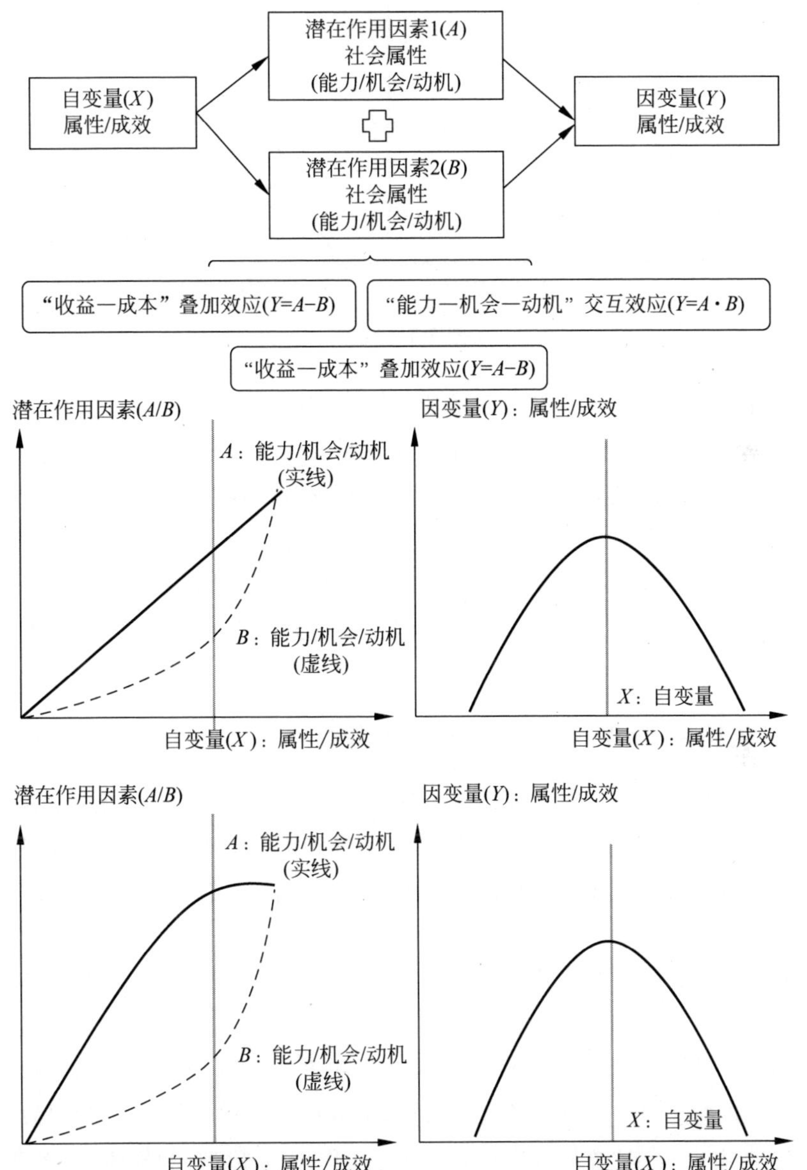

图5-3　科研活动中倒U型现象的形成机制模型(活动体)

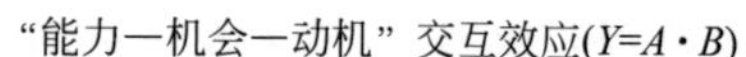

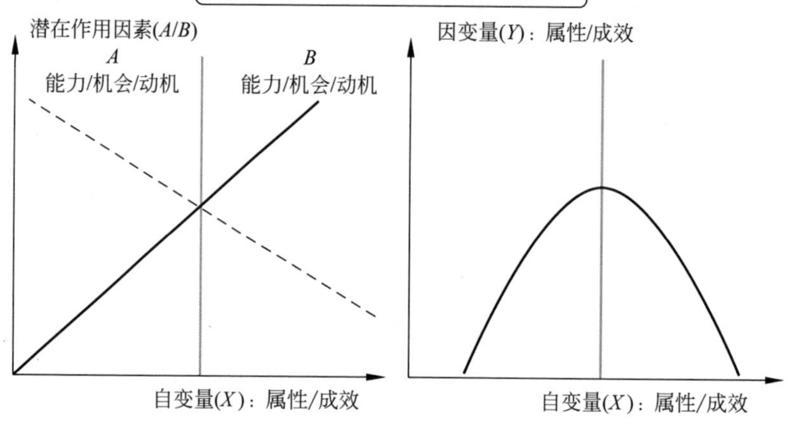

图 5-3 （续）

在“能力—动机—机会”交互效应中，潜在作用因素——能力、动机、机会均为因变量的积极影响因素。当作为自变量发生变化时，其能力、环境、动机可能随之发生此消彼长、不一致的变化。这种不一致变化趋势的交互效应，形成了活动体的倒 U 型现象。当自变量过高、过低时，作用因素的水平有高有低，交互效应均较弱，因变量的水平均不会很高，可以理解为“有心无力”或“有力无心”。而在自变量水平适中时因变量达到最高点，即“有心有力”使结果最优[166]（如图 5-3 所示）。

2. 载体倒 U 型现象的形成机制模型

在 5.1 和 5.2 小节对科研活动中倒 U 型现象的自变量、因变量和潜在作用因素的定位中，载体倒 U 型现象的自变量和因变量均为载体的属性或成效；潜在作用因素为载体的社会属性——学术价值（创新性）以及评价属性——认可程度。

根据本书的第 3 章构建的社会系统倒 U 型现象的形成机制理论，载体作为一种形式的客体，形成机制模型包括两种类型：“收益—成本”叠加效应和“内在价值—外在评价”交互效应。活动体的潜在作用因素——学术价值和认可程度通过这两种模型中的交互效应，形成科研活动中的倒 U 型现象。

在“收益—成本”叠加效应中，一个潜在作用因素（学术价值/认可程度）为“收益”——因变量的积极影响因素，另一个潜在作用因素（学术价值/认可程度)为"成本"——因变量的消极影响因素。当作为自变量的载体属性/成效发生变化时,潜在作用因素"收益"和"成本"均随之发生同向变化。倒U型现象之所以形成,是由于自变量水平变化带来的"收益"无法平衡"成本"带来的因变量损失,即发生俗称的"得不偿失"现象[166](如图5-4所示)。

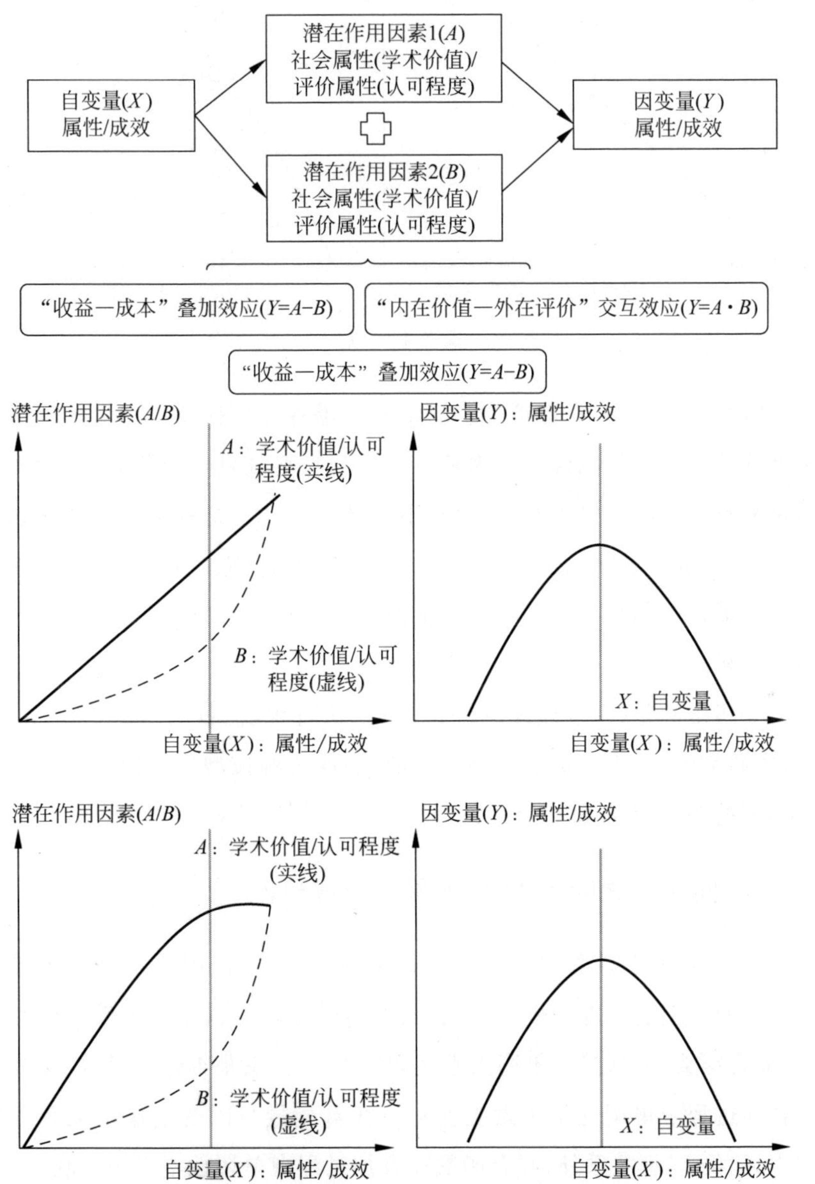

图5-4 科研活动中倒U型现象的形成机制模型(载体)

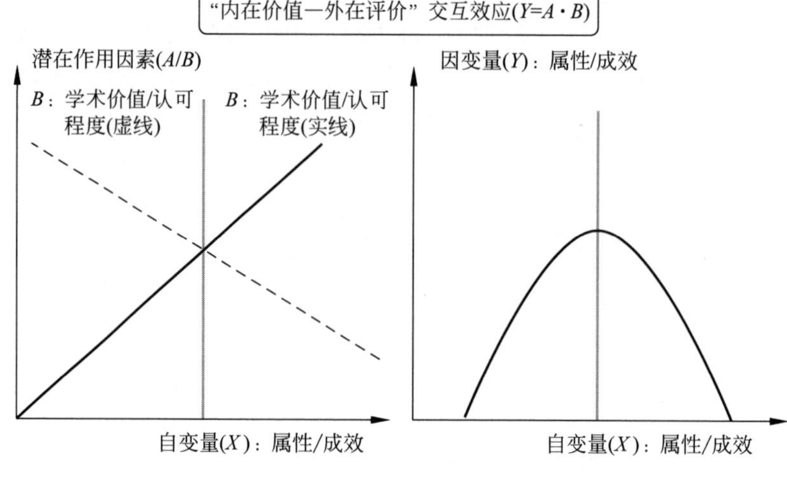

图 5-4 （续）

在“内在价值—外在评价”交互效应中，潜在作用因素——学术价值和认可程度均为因变量的积极影响因素。当作为自变量发生变化时，其学术价值和认可程度可能随之发生此消彼长、不一致的变化。这种不一致变化趋势的交互效应，形成了载体的倒 U 型现象。当自变量过高、过低时，作用因素的水平有高有低，交互效应均较弱，因变量的水平均不会很高，而在自变量水平适中时因变量达到最高点（如图 5-4 所示）。

需要指出的是，由于载体的评价属性“认可程度”仅对“成效”产生作用。因此，本研究中的“内在价值—外在评价”形成机制模型仅适用于因变量为载体“成效”的倒 U 型现象。

3. 不同元素之间倒 U 型现象的形成机制

不同元素的倒 U 型关系本质上是多属性/成效作用关系的多阶传递过程。从数学模型的角度分析，作用关系的传递过程可以用若干数学函数的叠加（即复合函数）来描述。不同元素之间倒 U 型关系是否存在，取决于复合函数在叠加过程中单调性是否发生变化。在自变量与因变量作用关系的传递过程中，除倒 U 型关系外，复合函数在叠加过程中单调性不发生变化，那么自变量和因变量之间也存在倒 U 型关系。

图 5-5 显示了两个变量 X、Y 作用关系的传递过程，表 5-19 列出了传递过程中每个函数的单调性。在 X 与 Y 之间作用关系的传递过程中，如果发生倒 U 型关系的自变量是 X 的单调递增函数，因变量是 Y 的单调递增函数（因篇幅所限，本研究仅考虑单调递增的情况），那么 X、Y 之间也存在倒 U 型关系。

如果 $X, X_1, X_2, \cdots, X_n, Y_1, Y_2, \cdots, Y_n, Y$ 代表科研生态系统中各元素的属性/成效，且 X、Y 属于不同元素的属性与成效，那么图 5-5 和表 5-19 则描述了多属性/成效之间的传递过程，即不同元素倒 U 型现象的形成机制。其中，倒 U 型关系发生在变量 X_n 和 Y_1 之间，如果 X 与 X_n 之间，Y_1 与 Y_n 之间均是单调函数的叠加关系，那么 X 与 Y 之间也存在倒 U 型关系（如图 5-5、表 5-19 所示）。

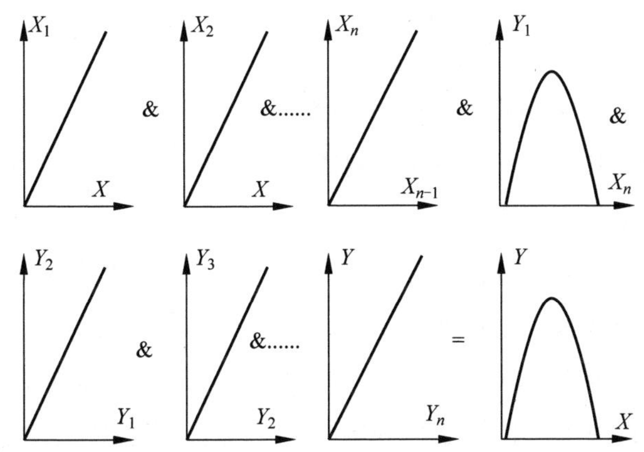

图 5-5　不同元素之间倒 U 型现象属性/成效作用的传递过程

表 5-19　不同元素之间倒 U 型关系中属性/成效作用函数的单调性

函　　数	单　调　性
$X_1=F(X)$	单调递增
$X_2=G(X_1)$	单调递增
…	单调递增
$X_n=H(X_{n-1})$	单调递增
$Y_1=L(X_n)$	倒 U
$Y_2=M(Y_1)$	单调递增

续表

函　数	单　调　性
$Y_3 = N(Y_2)$	单调递增
…	单调递增
$Y = R(Y_n)$	单调递增

5.3.2　形成机制解释案例：活动体的倒 U 型现象

5.3.1 小节构建了活动体、载体以及不同科研活动元素之间倒 U 型现象的形成机制模型，本小节将应用这一模型，对已发现的案例倒 U 型现象进行解释，验证机制模型的合理性。

1.“收益—成本”叠加效应案例

• 团队：成员的地位差异性-创新性

团队成员的地位差异性对团队创造力的影响呈现倒 U 型曲线效应，适度的地位差异性最有利于团队创新性提升。

当团队地位差异性过低时，团队资源被平等分配，团队的激励机制不足，成员贡献思想的积极性会被抑制，团队整体缺乏思维离散的过程，不利于创新性的提升。随着团队地位差异性的增加，团队成员有获得职业晋升的机会，从而更愿意在工作中建言献策，提出创造性见解，促进团队整体创新性的提升。

但是，过高的团队地位差异性反而会抑制团队创新性。团队地位差异性过大，整个团队决策控制权及资源集中在少数高地位成员手中，从而引发多数低地位成员为保全自己而顺从高地位成员的倾向，团队成员不再积极表达、贡献创新思想，从而抑制团队整体创新能力的发挥[52]。

综上，团队地位差异性可以激发成员建言献策的意愿，随着团队差异性的增加，团队“收益”——思维离散过程增加，从而带来更多的创新思想，促进团队整体创新性的提升。然而团队地位差异性的提升会渐渐带来一些高“成本”——思维顺从性，从而抑制了成员的创新思想贡献，导致团队创新性下降。到了某一个阶段，团队地位差异性过大时，相对于思维离散过程带来的增长收益，思想顺从性会占据主导地位，从而导致团队的创新性下降。在"收益—成本"叠加效应的作用下，团队成员的地位差异性与创新性之间呈现倒U型关系。适度成员地位差异性的团队创新性最高(如图5-6所示)。

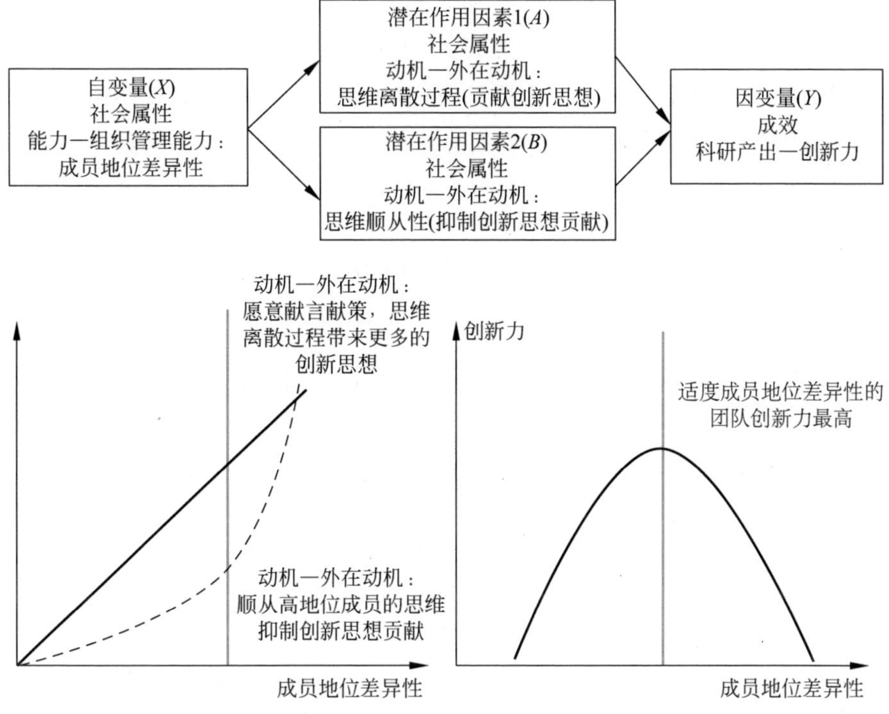

图5-6　团队成员地位差异性—创新性倒U型现象的形成机制模型

2．能力—动机—机会交互效应案例

(1) 自然属性与社会属性之间的倒U型现象

- 科研人员：科研经验—合作网络地位

科研人员的科研经验与其合作网络地位之间呈倒U型关系[44][45]。

刚参加工作的科研人员处于科研起步期，其知识储备相对较少，科研技能均相对较弱，也尚未在科学共同体中建立人脉关系，相应地，开展科研合作相对较少；随着从事科研工作时间的增加，科研人员积累的知识和技能越多，为开展科研合作奠定了良好的基础。此时科研人员开始积极地开展科研合作,并通过科研合作进一步提升自己的科研能力。

当科研人员具有较为丰富的科研经验时,可以独立开展研究工作,内在的合作意愿有所下降。

可见,随着科研经验的增加,科研人员的社会属性“能力”(知识储备、科研技能)有所提升,而开展科研合作的“动机”(合作意愿)呈下降趋势。在两个因素不一致变化趋势的交互作用下,科研人员科研经验与合作网络地位之间呈现倒 U 型关系,在具有一定科研经验时,科研人员在合作网络中的地位最高(如图 5-7 所示)。

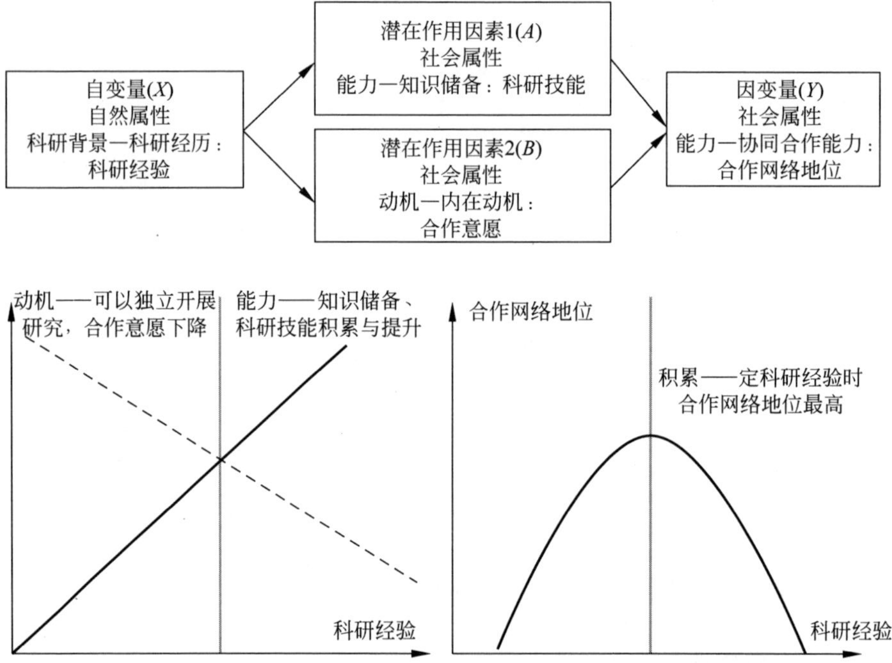

图 5-7 科研人员科研经验—合作网络地位倒 U 型现象的形成机制模型

(2) 自然属性与成效之间的倒 U 型现象

• 博士生:与导师的亲密关系—产出规模

博士生与导师的亲密关系与其科研产出规模之间呈倒 U 型关系[40]。

博士生与导师的关系越亲密,导师会为其提供更多的科研资源,如科研项目、经费，以及更多的科研思路支持，有助于博士生顺利开展科研工作，促进科研产出。

另一方面，当博士生与导师有过于亲密的关系时，导师可能不会过多关注博士生自身的科研水平，博士生的科研能力——知识储备、科研技能等均处于一般水平，这些都是不利于博士生科研产出的因素。

可见，随着博士生与导师亲密关系的增加，博士生的社会属性“机会”(硬资源、软支持)均有所增加，有利于其科研产出规模的扩大；而另一方面，博士生的另一社会属性“能力”(知识储备、科研技能)可能有所下降，相应地，科研产出规模有所减少。在两个因素不一致变化趋势的交互作用下，博士生与导师的亲密关系与其科研产出规模之间呈倒U型关系，与导师适度亲密关系的博士生科研产出规模最大(如图5-8所示)。

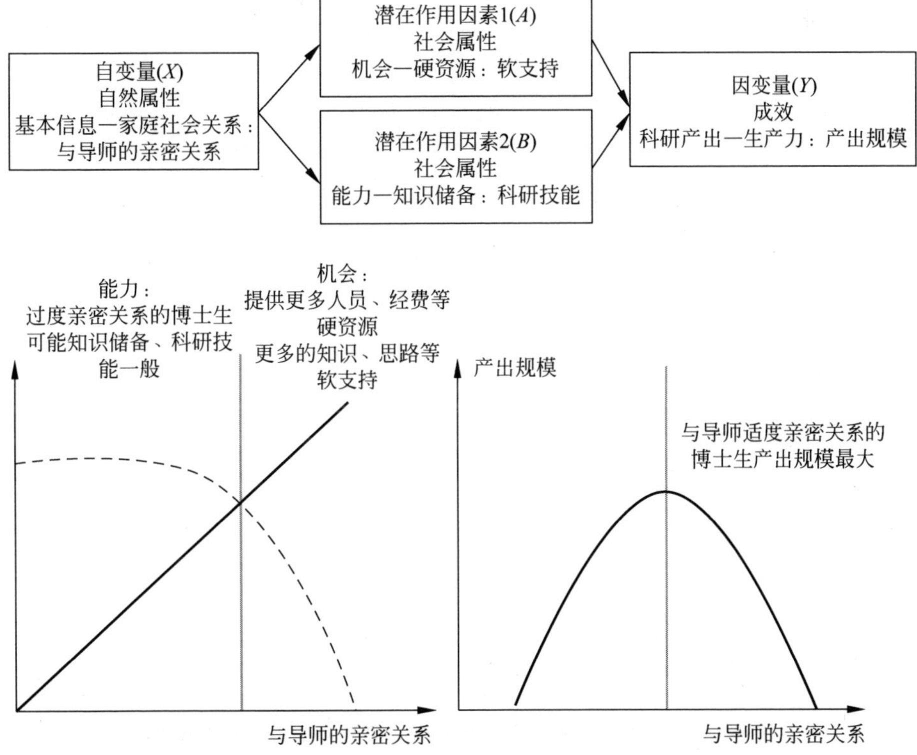

图5-8　博士生与导师的亲密关系—产出规模倒U型现象的形成机制模型

• 科研人员：年龄—产出规模

科研人员年龄与其科研产出规模之间具有倒 U 型关系[34][35][36][37]。

年轻的科研人员处于科研起步期，其知识储备相对较少，科研技能均相对较弱，相应地，论文产出数量较少；随着年龄的增加，科研人员学术能力不断累积，为产出论文奠定了良好的知识基础，产出规模呈上升趋势。

在科研人员职业生涯后期，已经积累了足够的学术能力以及学术声望，此时其职业重点可能逐渐转移至行政管理工作或科研成果的转移转化工作，科研兴趣减弱，在科学研究方面投入的精力有所减少，不利于其科研产出。

可见，随着科研人员年龄的增加，其社会属性“能力”（知识储备，科研技能）上升，而开展科研的“动机”—内在动机呈下降趋势。在两个因素不一致变化趋势的交互作用下，科研人员年龄与科研产出规模之间呈现倒 U 型关系，在职业生涯中期，科研人员的产出规模最大（如图 5-9 所示）。

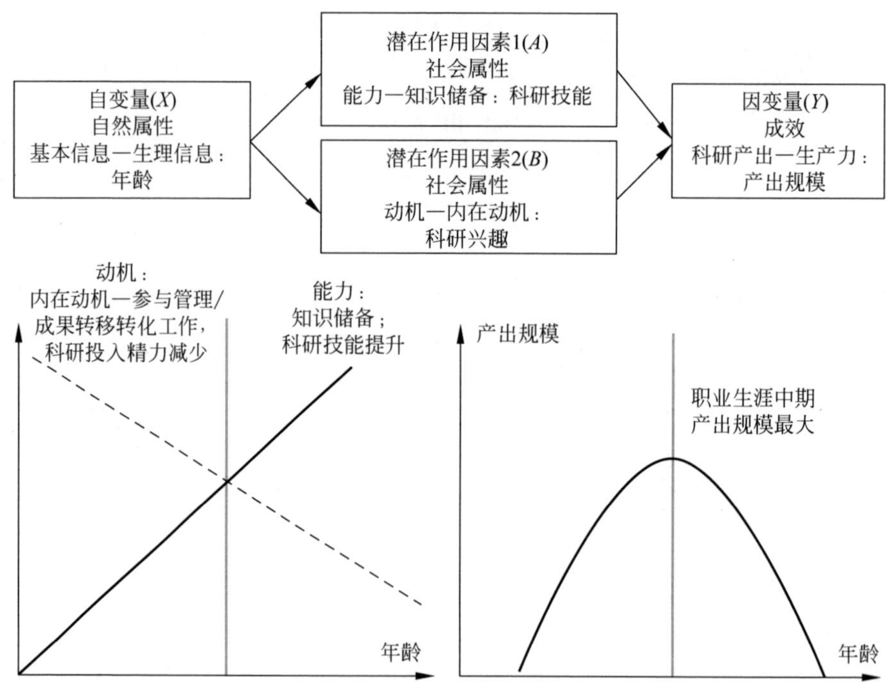

图 5-9　科研人员年龄—产出规模倒 U 型现象的形成机制模型

(3) 社会属性之间的倒U型现象

• 科研机构：政策注意力—执行力

在压力型体制下，地方政府环境政策注意力与执行力呈倒U型关系[78]。科研政策的执行也可能遵循类似的规律：科研机构作为科研政策执行的主体部门，其政策注意力与执行力之间可能存在倒U型关系。

随着科研机构对政策的注意力提升，加深了其对政策的重视程度，调动了执行政策的积极性。科研机构加强该政策的配套资源配置，为政策的落实和执行提供有力保障。

然而，在压力型体制下，当注意力分配超过科研机构的现实条件和实际能力时，会诱发科研机构的避责行为，只追求形式上完成政策目标，实质上政策执行的意愿下降。

可见，随着科研机构对政策的注意力提升，其社会属性"机会"—硬资源(政策相关的配套资源)同样加强，而执行政策的"动机"—执行政策的实际意愿呈下降趋势。在两个因素不一致变化趋势的交互作用下，科研机构的政策注意力与政策执行力之间呈现倒U型关系，科研机构分配适当注意力时，政策的执行力最高(如图5-10所示)。

(4) 社会属性—成效之间的倒U型现象

• 团队：员工多团队属性—产出规模/创新绩效

在企业团队创新中，员工的多团队属性与团队的产出规模、创新绩效之间存在倒U型关系[49][50]。

当团队成员同时参与多个团队的工作时，可以吸收、积累不同团队工作中的多元化知识和新的观点，开阔研究思路，有利于本团队的科研创新，本团队的创新绩效呈上升趋势。

然而，随着成员参与工作团队数量的不断增加，团队成员需要在不同的任务之间切换，注意力容易分散，分配于投入本团队项目中的时间有所减少，进而影响团队创新与产出。

可见，随着成员隶属团队数量的不断增加，其社会属性"机会"—软支持(多元化知识、创新思路)有所增加，而本团队工作的"动机"(投入本团队项目

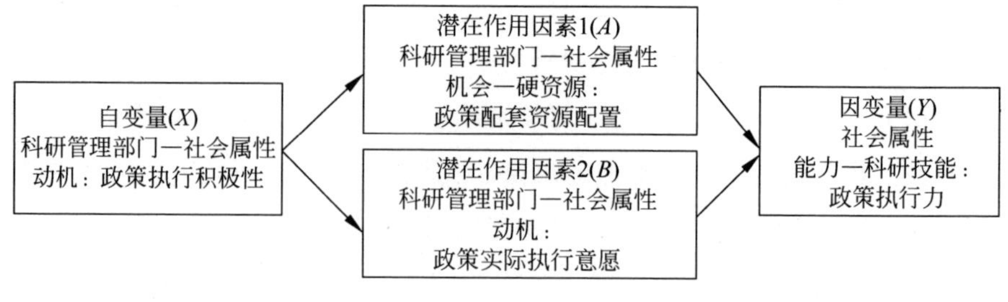

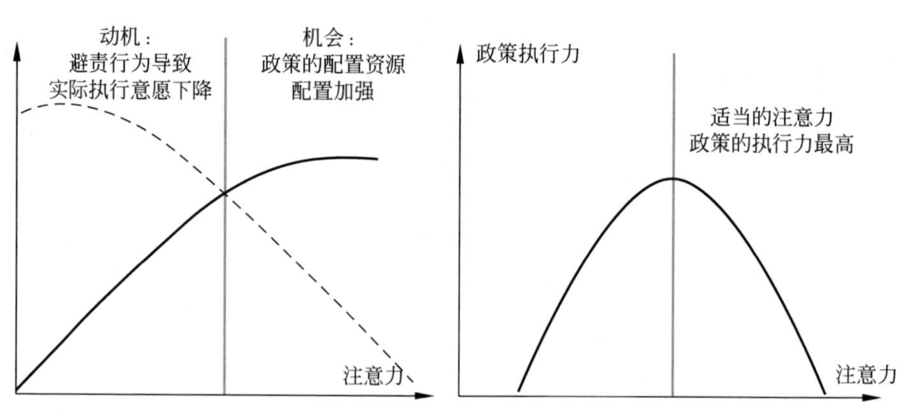

图 5-10　科研机构政策注意力—执行力倒 U 型现象的形成机制模型

的时间)呈下降趋势。在两个因素不一致变化趋势的交互作用下,团队成员多团队属性与产出规模/创新绩效之间呈现倒 U 型关系,团队成员在参与中等数量其他团队任务时,本团队产出规模/创新绩效达到最高(如图 5-11 所示)。

- 科研机构：辅助人员比例—产出规模

对于科研机构而言,在机构总人数固定的情况下,辅助人员的比例与机构科研产出规模之间具有倒 U 型关系[51]。

当机构辅助人员比例过低时,科研人员需要耗费大量的时间来处理行政事务,占用了其科学研究的时间,影响其科研产出；随着辅助人员比例的上升,科研人员可以从琐碎的行政事务中解脱,将更多的精力投入到科研工作中去,为增加科研产出创造了良好的条件；但在机构总人数相对稳定的情况下,随着辅助人员比例的上升,科研人员的比例相对下降,对整个机构的科研

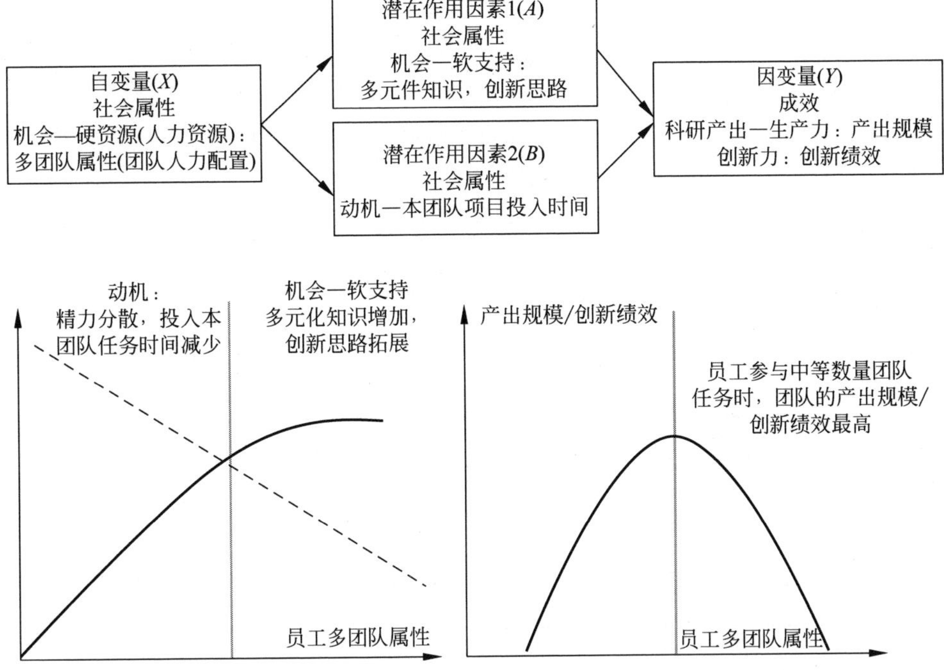

图 5-11 员工多团队属性—团队产出规模/创新绩效倒 U 型现象的形成机制模型

创新能力及科研产出规模有所影响。

可见，随着辅助人员比例的上升，机构科研人员的“动机”(科研投入时间)增加，而整体科研“能力”呈下降趋势。在两个因素不一致变化趋势的交互作用下，科研机构辅助人员比例与产出规模之间呈现倒 U 型关系，机构辅助人员比例适度时产出规模最大(如图 5-12 所示)。

- 高校：与企业合作的广度—产出规模

高校与企业合作的广度与其产出规模之间存在倒 U 型关系[59]。

一方面，随着高校与企业合作广泛程度的增加，高校可以从产业端获得更多的科研需求，有利于提出新的研究问题并开展研究工作，促进科研产出；同时，企业还可能为高校提供更多的基础研究经费支持。

另一方面，随着与企业合作广泛程度的增加，高校需要花费大量时间和精力用于维系合作关系，相应地，基础研究投入时间减少，影响科研产出规模。

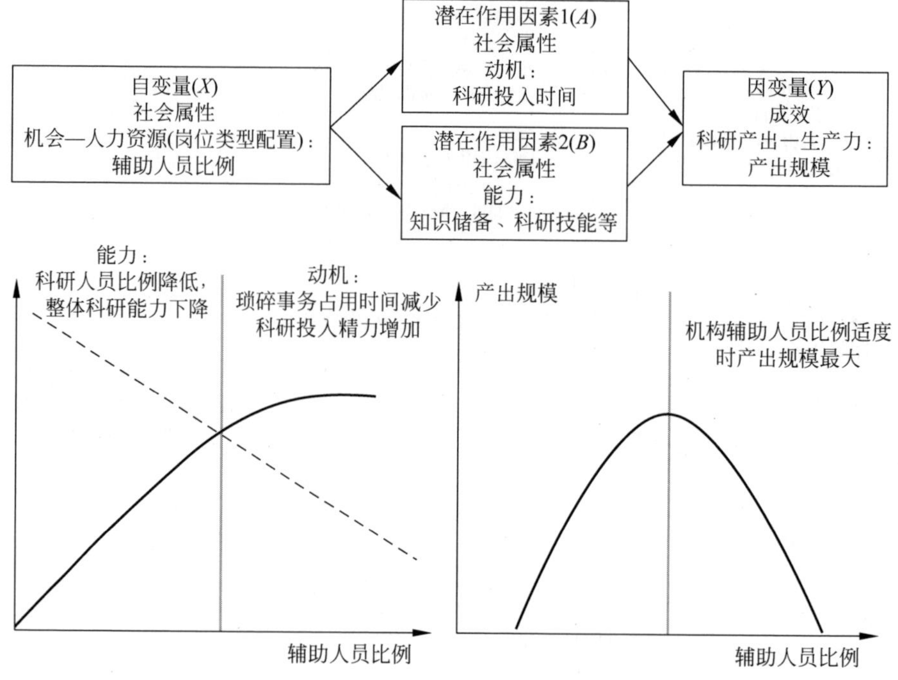

图 5-12　科研机构辅助人员比例—产出规模倒 U 型现象的形成机制模型

可见，随着高校与企业合作广泛程度的增加，其社会属性“机会”—硬资源(科研经费)、软支持(新研究观点)均会有所增加，而“动机”(科研投入时间)呈下降趋势。在两个因素不一致变化趋势的交互作用下，高校与企业合作的广度—产出规模呈现倒 U 型关系，高校适度与企业合作产出规模最大(如图 5-13 所示)。

• 高校：学术商业化程度—教学水平

学术商业化是将学术研究成果转化为有经济价值的商业产品或商业服务的过程。对高校而言，学术商业化程度的过高和过低均不利于教学水平的提升，适度产业化对教学水平有促进作用[8]。

高校学术商业化的主要表现是与企业等商业部门开展合作。高校通过合作技术研发等活动，越来越多参与到经济活动中，特别是通过与若干上市公司的合作，高校可以获得更好的社会声誉，使其在吸引优秀学生方面更具

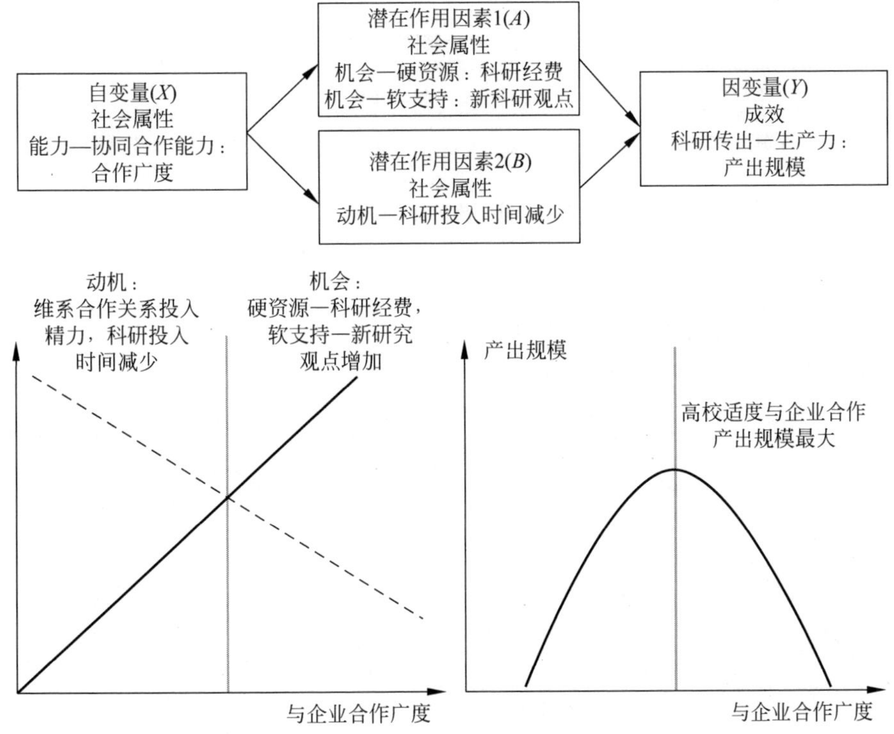

图 5-13　高校与企业合作的广度—产出规模倒 U 型现象的形成机制

竞争力。同时,通过与企业合作的一些商业化活动,高校可以获得额外收入,用于改善教学环境及招收更多的教学人员。

然而,过度的学术商业化会给教学带来一些负面影响。教职员工可能会将更多的注意力转向技术创新及商业化活动、追求经济利益等,相应地,在教学活动上投入的时间和资源有所减少,这不利于高校教学质量的提升。

可见,随着高校学术商业化规模的扩大,其社会属性“机会”—硬资源(生源质量;教学经费)有所提升,同时,社会属性“动机”(教学活动投入时间)可能呈下降趋势。在两个因素不一致变化趋势的交互作用下,高校产业化与教学水平之间形成了倒 U 型关系,开展适当规模学术产业化的高校教学质量最高(如图 5-14 所示)。

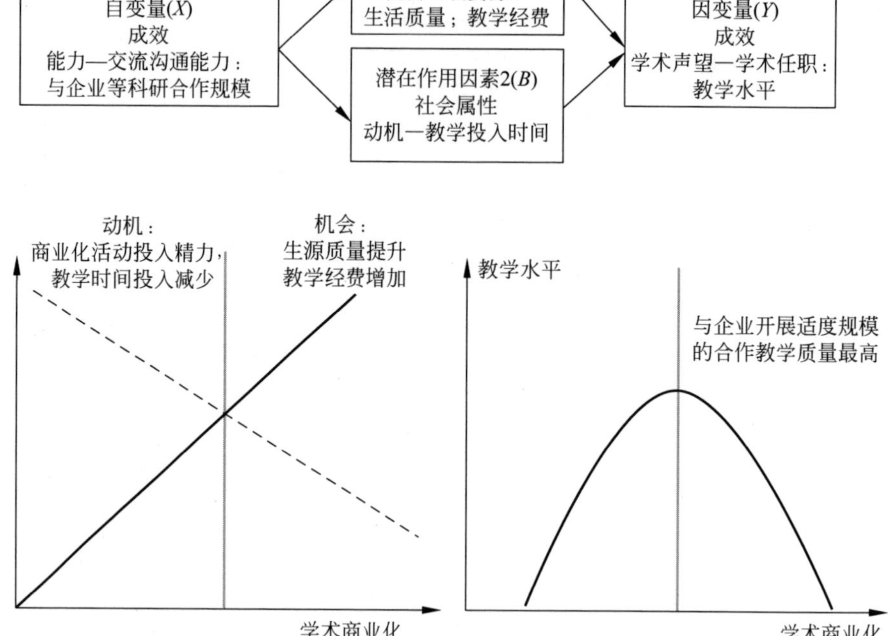

图 5-14　高校学术商业化程度—教学水平倒 U 型现象的形成机制模型

（5）成效之间的倒 U 型现象

- 高校：技术研发规模—基础研究产出规模

高校科研人员的技术研发规模与其基础研究产出规模之间存在倒 U 型关系[77]。

当高校科研人员致力于开发专利时，在来自产业部门咨询的过程中，通常会遇到新的研究问题的挑战，这为其基础研究提供了新的思路。同时，专利许可、转让收入等可以为高校科研人员提供额外的经费资助。这些都为科研人员开展基础研究创造了良好的条件。

然则，随着技术研发规模的扩大，高校科研人员在有限的时间内将更多地分配给专利创新，相应地，基础研究投入的精力会减少，不利于高校的基础研究产出。

可见，随着高校科研人员技术研发规模的扩大，其社会属性“机会”—硬资源(基础研究经费)、软支持(新思路)均有所增加，同时，社会属性“动机”(基础研究投入时间)可能呈下降趋势。在两个因素不一致变化趋势的交互作用下，高校科研人员技术研发规模与基础研究规模之间形成了倒U型关系，科研人进行适度规模的技术研发，有利于其开展基础研究(如图5-15所示)。

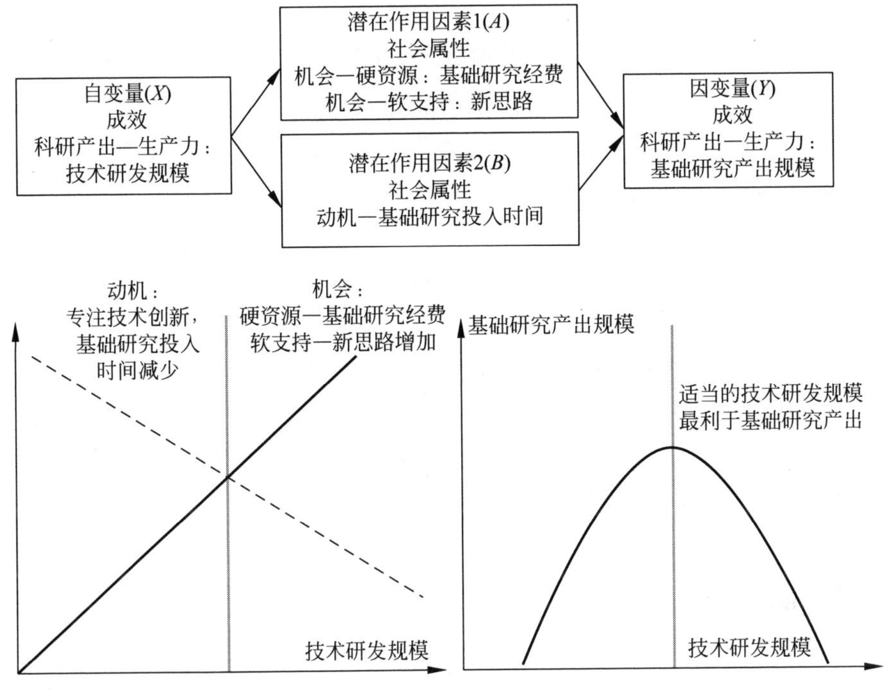

图5-15　高校技术研发规模—基础研究产出规模倒U型现象的形成机制

5.3.3　形成机制解释案例：载体的倒U型现象

• 科研论文：学科交叉性—学术影响力

尽管论文的学科交叉性与学术影响力之间的关系并没有一致的结论，但已有研究表明两者之间呈现倒U型关系[69][70][71]。

科学研究中的学科交叉融合越来越普遍，学科交叉不仅可以带来更多的科学突破，还可以促进复杂社会问题的解决。随着论文学科交叉性的提升，多学科知识融合的机会变大，可能产出创新性更强的科研成果，高创新性的科研成果更容易获得科学共同体更多的关注。

另一方面，随着论文的学科交叉性的上升，科学共同体对跨学科知识的理解难度随之增加，可能造成论文的可读性下降，从而影响到对该论文的评价，不利于其学术影响力的扩散。

可见，随着论文学科交叉性的增加，其社会属性“学术价值”即创新性有所上升，而同时由于可读性下降造成的评价属性“认可程度”—可读性、可理解性有所下降。在两个因素不一致变化趋势的交互作用下，论文学科交叉性与学术影响力之间呈现倒 U 型关系。适度学科交叉性的论文学术影响力最高（如图 5-16 所示）。

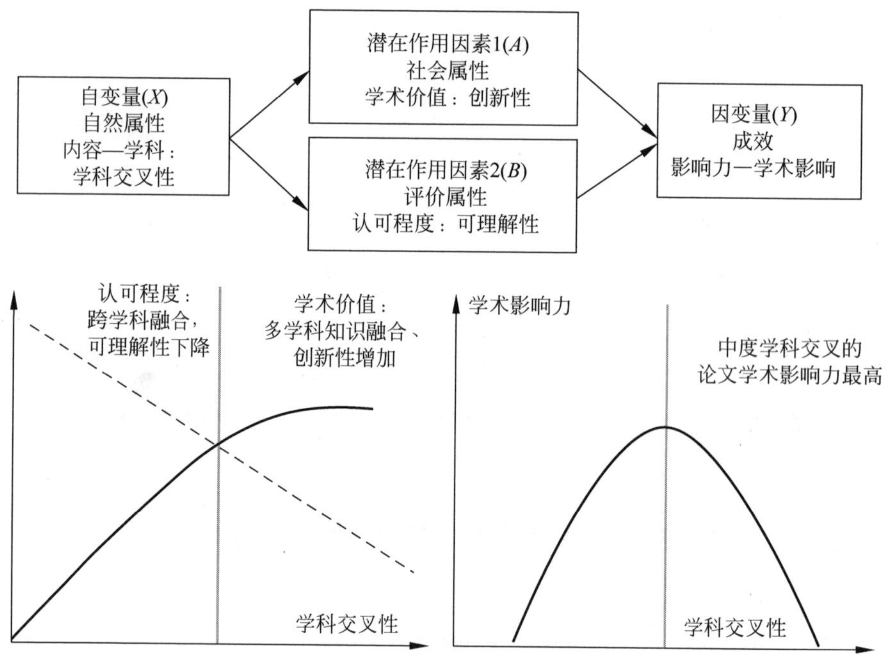

图 5-16　科研论文学科交叉性—学术影响力倒 U 型现象的形成机制

5.3.4 形成机制解释案例：不同元素之间的倒U型现象

• 科研项目：执行时间—项目团队：产出规模

英国REF项目评估中，科研项目的执行时间与项目成果的产出规模之间呈倒U型关系[68]。这一倒U型关系中，自变量是科研项目的执行时间，但自变量对因变量——团队产出规模的作用关系是通过项目团队能力的影响而实现的，因变量项目成果的产出规模实际是项目团队生产力的体现。倒U型关系实质上是发生在项目的执行时间与项目团队的产出规模之间。

项目刚启动的时候，团队对项目的研究工作尚处于探索阶段。随着项目执行周期的增加，团队成员对项目理解不断深入，研究思路逐渐明确，并设计了研究方案，进入项目实施阶段。此时团队知识储备、科研技能都不断增强，积极开展项目实质性研究工作，并将创造的新知识整理成科研成果发表，产出规模上升。

当项目执行时间接近尾声，团队开始着手准备其他项目的申请工作，对本项目投入的科研精力会相应有所减少，不利于本项目科研成果的产出。

可见，随着项目执行时间的不断推进，团队的社会属性"能力"(知识储备，科研技能)均有所增加，而从事本项目研究的"动机"(投入时间)呈下降趋势。在两个因素不一致变化趋势的交互作用下，项目执行时间与团队的科研产出规模之间呈现倒U型关系。在项目执行的中期，团队的科研产出规模最大(如图5-17所示)。

• 科研领域：热度—科研人员：进入领域的意愿

领域热度与科研人员进入领域的意愿之间可能存在倒U型关系。

当一个领域热度过低时，可能不会过多的被科学共同体以及社会广泛认可，不容易产出高影响力研究成果，科研人员从事该领域可能难以获得较高的学术声望，因此科研人员进入该领域的积极性较低。随着领域热度的增加，领域的认可度逐渐增加，科研管理部门会逐步倾向于为热点领域配置更多的科研资源，科研人员从事这个领域的研究可能获得更多的经费、项目的

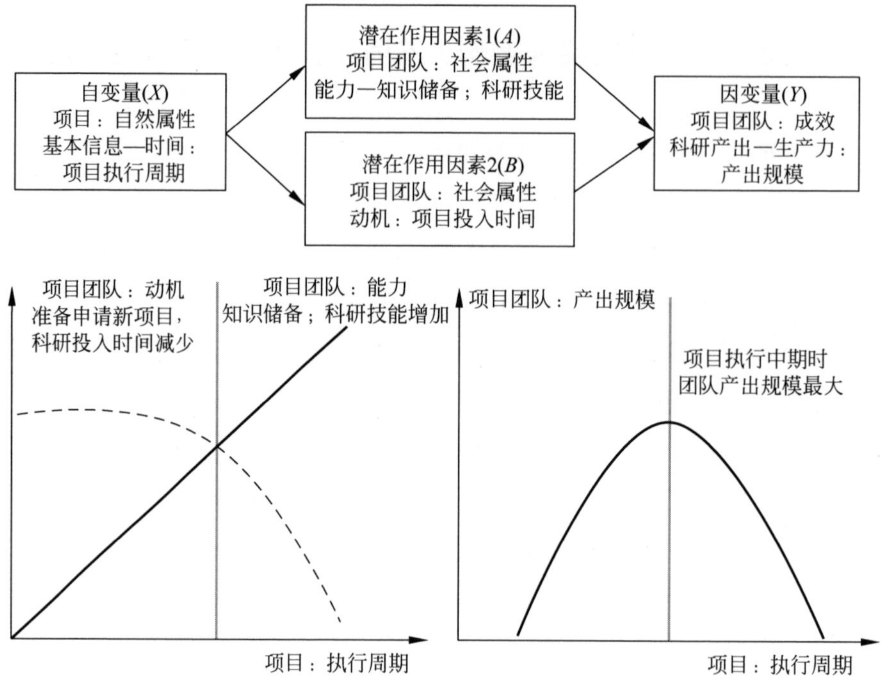

图 5-17　科研项目执行时间—项目团队产出规模倒 U 型现象的形成机制模型

资助，有利于其潜心研究，产出科研成果。这是促使科研人员进入领域的积极因素。

不可否认，随着领域热度的提升，科研人员遇到的挑战也随之增加。高热度领域已进入的科研人员较多，导致竞争激烈。在这种情况下，科研人员需要具备更高的能力才有可能在该领域取得突破，能力上的高要求会降低科研人员进入领域的意愿。

综上，随着领域热度的增加，科研管理部门会增加领域的资源配置，科研人员可以获得更多的“收益”—机会（科研经费、物质资源等），能够增加科研人员进入领域的意愿。然而领域热度的提升，竞争压力的增加，会为科研人员带来较高的“成本”—能力的高要求。对一个过热的领域而言，相对于热度带来的科研机会“收益”，能力高要求的“成本”会占据主导地位，从而导致科研人员进入领域的意愿下降。在“收益—成本”叠加效应的作用下，领域热度与科研人员进入领域的意愿之间呈现倒 U 型关系。中等热度的领域对科研人员而言最具有吸引力,科研人员进入领域的意愿最高(如图 5-18 所示)。

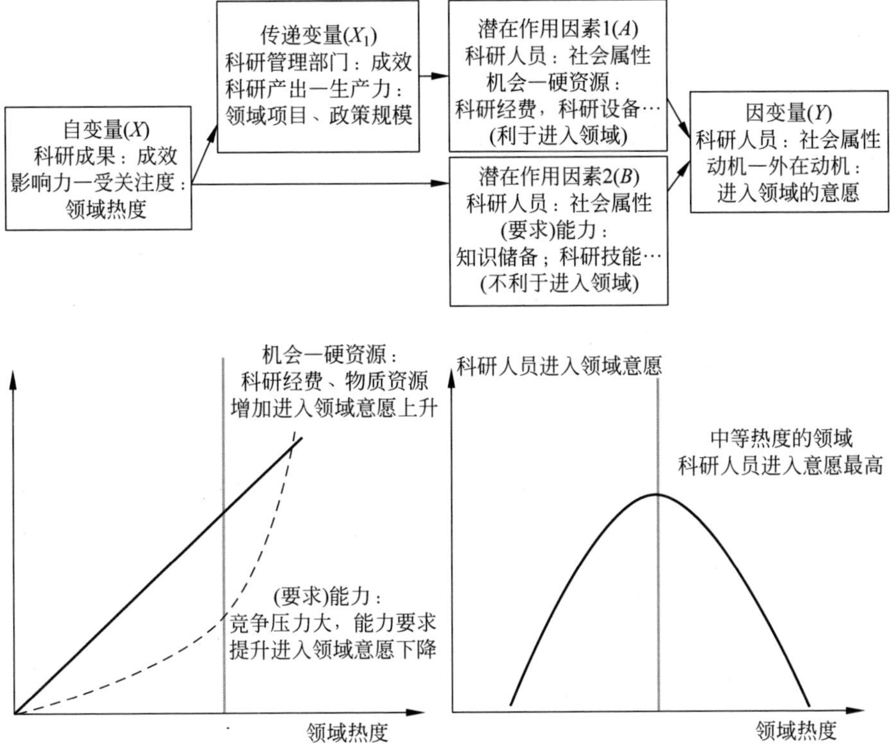

图 5-18　领域热度—科研人员进入领域的意愿倒 U 型现象的形成机制模型

5.4　本章小结

在本书的第 3 章总结梳理了社会系统中倒 U 型现象的形成机制,第 4 章构建了科研生态系统,将科研活动元素有机地组织起来,明确了元素的特征以及相互之间的作用关系。科研活动中倒 U 型现象的形成机制是社会系统形成机制与科研活动元素特征的融合。本章的主要研究目标是以第3章社会系统倒U型现象的形成机制为基础，结合第4章中科研生态系统中元素的作用关系，挖掘科研活动中倒U型现象的形成机制，构建形成机制模型。

根据第3章社会系统中的形成机制模型，挖掘科研活动中的倒U型现象形成机制，需要在科研活动中定位倒U型现象的自变量X、因变量Y，探测潜在作用因素A、B，以及挖掘三者之间的作用关系。本章的研究内容围绕以上三个方面展开。

在科研生态系统中，科研活动元素的属性/成效是整个科研生态系统运转的关键要素，科研活动中的各种关系，本质上都是发生在元素的属性/成效之间。因此，科研活动中倒U型现象的自变量和因变量均为元素的属性/成效。并且，作为自变量的属性/成效与因变量或属于同一元素的同一属性/成效，或自变量位于因变量的上游位置。

对活动体而言，自变量、因变量发生倒U型关系的潜在作用因素是其社会属性，包括活动体的能力、动机和机会；对载体而言，自变量、因变量发生倒U型关系的潜在作用因素是除了其社会属性——学术价值外，还包括评价属性——认可程度。

在对科研活动中倒U型现象的自变量X、因变量Y和潜在影响作用因素A、B进行定位的基础上，本章应用社会系统中倒U型现象的形成机制理论，构建了科研活动中倒U型现象的形成机制模型：活动体的形成机制模型包括“收益—成本”叠加效应和“能力—动机—机会”交互效应，载体的形成机制模型包括“收益—成本”叠加效应和“内在价值—外在评价”交互效应。

应用上述形成机制模型，本章对已发现科研活动中的倒U型现象案例进行了解释，验证了形成机制模型的合理性。

本章的研究内容是第6章应用研究——甄别科研活动中尚未被识别的倒U型现象的理论基础。

第6章 科研活动中倒U型现象形成机制的应用

本书第5章构建了科研活动中倒U型现象的形成机制模型，这一形成机制是判断科研活动中两个元素是否能发生倒U型现象的理论依据。本章作为全文的应用研究部分，将应用第5章构建的形成机制模型，结合实践应用意义，甄别若干科研活动中尚未被识别的倒U型现象，并通过数据实验再次验证形成机制模型的合理性。

6.1 研究思路

本章的研究目的是甄别科研活动中尚未被识别的倒U型现象，并通过理论与数据检验，证明倒U型现象存在的合理性。整体研究思路如下。

1. 研究假设的提出

结合实践意义，提出科研活动中可能发生的倒U型现象。

2. 研究假设的理论验证

应用第5章构建的科研活动中倒U型现象的形成机制模型，验证研究假设是否成立。验证条件包括：

(1) 研究假设中自变量和因变量在科研生态系统中定位满足5.1.1小节的定位原则。

(2) 研究假设中的倒U型现象可以用5.3.1小节的形成机制模型进行合理解释。

如研究假设满足以上2个条件，则从理论上验证了研究假设中倒U型现象存在的合理性。

3. 研究假设的数据验证

选取若干数据样本，对研究假设中的自变量与因变量进行曲线拟合和回归分析，验证两者之间的关系是否满足倒U型曲线的特征。

当研究假设中的自变量 X 与因变量 Y 的拟合函数满足如下特征时，则拟合曲线为倒U型曲线[167]：

(1) 拟合函数的数学表达式为：$Y=\beta_0+\beta_1X+\beta_2X^2$；

(2) β_2 是具有显著意义的负数。

本研究选取Stata统计分析软件对自变量、因变量之间的关系进行回归检验。回归模型选取的是二次回归模型。

同时，对于通过检验的二次回归模型，分别对倒U型现象“上升”阶段与顶点、顶点与“下降”阶段的因变量值进行显著性差异检验。其中，均值类的因变量对原始数据进行K-S检验，包括：6.2.1小节的科研人员学术影响力均值、6.3.2小节的期刊载文量均值；单个比例类因变量随机抽取样本进行WALD检验，包括：6.2.2小节的国际科研合作参与度和6.3.1小节的高被引论文产出率。

如研究假设通过理论验证和数据验证，则证明倒U型现象的研究假设成立。并且，如理论验证和数据验证一致，则再次验证了形成机制模型自身构建的合理性。

6.2 活动体的倒U型现象甄别

6.2.1 科研人员隶属机构数量—学术影响力

1. 研究假设

科研合作是当代科学研究的一个显著特征，通过科研合作中共享的数据、资源、设备，以及思想的碰撞，可以产出更多的科研成果[168][169]。近年来，科研人员同时隶属于多个机构成为一种新的合作方式。隶属于多机构的科研人员(下文简称多机构作者)是科研系统中机构之间加强联系的桥梁与纽带，可以促进不同机构之间的研究合作和知识交流[170][171]。科研人员通过多个隶属机构关系，可以获得额外的研究资源、职业发展机会或是个人的研究资助，并提高个人的学术显示度[172][173]。并且，与合作相比，多机构隶属关系能够降低科研人员在使用研究设施时的成本负担[174]。

在科学计量学领域，针对多机构作者的研究工作方兴未艾，主要聚焦于以下几个方面：多机构作者论文规模的快速扩张及原因[175]；多隶属机构的地理分布、机构类型(产学研)分布[173][176]；多机构作者论文的投稿周期和在线出版时间[177]。少数论文关注了多机构作者与论文影响力之间的相关关系：Hottenrott 的研究表明，高影响力论文中的多机构作者更多[174]。Sanfilippo 等人认为，多机构作者的论文会具有更高的影响力[178]。

综上，有关多机构作者的研究工作以产出规模及机构分布为主，少数关注学术影响力的研究均停留在论文层面，鲜有研究从作者视角出发，关注多机构作者自身的学术影响力。前文中提到，多机构的隶属关系可以为科研人员带来额外的科研资源、经费，也可以扩大作者自身的显示度，那么针对科研人员而言，是否隶属机构的数量越多，其学术影响力越高？科研人员隶属机构的数量与其自身的学术影响力之间存在什么样的相关关系?

已有研究表明,在科研合作中,有效合作者的数量是有上限的,并非任何数量的合作者都有助于提高研究绩效,适度数量的科研合作伙伴能够最有效地提升研究绩效[54][179]。本小节在上述研究的基础上提出研究假设:对于多机构科研人员而言,隶属机构数量并非越多越好,隶属于中等数量科研机构的科研人员具有的学术影响力最高,即:科研人员的隶属机构数量与其学术影响力之间存在倒U型关系。

2. 研究假设的理论验证

(1) 自变量、因变量的定位

在研究假设中,倒U型关系发生的对象“科研人员”属于活动体中的“科研主体”。自变量科研人员“隶属机构数量”属于科研主体的自然属性中的科研背景—“科研经历”,因变量“学术影响力”是科研主体的成效中的“科研产出”—“影响力”(如表6-1所示)。

在科研生态系统中,科研主体的自然属性影响其成效,自然属性位于成效的上游位置,因此,科研人员隶属机构数量可能对其学术影响力产生影响作用。自变量和因变量的定位符合5.1.1小节的定位原则。

表6-1 科研人员隶属机构数量—学术影响力倒U型现象的自变量与因变量定位

变量	名称	定位
对象	科研人员	科研主体
自变量	隶属机构数量	自然属性:科研背景—科研经历
因变量	学术影响力	成效:科研产出—影响力

(2) 倒U型现象的形成机制验证

科研活动是科研人员在一定知识储备、科研技能的基础上开展的创新活动。随着科研人员职业生涯的发展,其知识储备、思维方式都可能会出现相对固化的局面,这在一定程度上可能限制创新活动的水平,影响科研绩效[180]。科研合作是科研人员扩充知识背景,拓展创新思维一种有效的方式。作为合作的一种特殊方式,科研人员隶属机构的增加也会为其带来更多新的多元化观点、创新思维及研究技能。知识的共享、互补性、研究技能的结合、多元化知识的碰撞、创新思维的拓展，对于推动科研人员的研究工作、提高科研绩效均产生了积极影响[49][180]。同时，随着隶属机构数量的增加，可能为科研人员带来更为充沛的科研资源、经费，以及较之科研合作而言低成本的科研设施使用机会。

然而，随着科研人员隶属机构数量的增加，他们需要花费大量时间、精力建立和维系与机构之间的合作关系，这将影响到科研人员投入科学研究工作的时间总量[92]。此外，隶属机构数量的增加可能会造成科研人员的精力分散，投入每个机构科研工作中的时间有限，也将对科研人员研究工作的质量产生影响[49]。

在本研究定义的科研生态系统中，科研经费、科研设备属于科研人员的社会属性“机会”中的硬资源，多元化知识和创新思维属于软支持；科研工作时间属于科研人员社会属性中“动机”的外在表现。上述分析可以看出，随着科研人员隶属机构数量的增加，其社会属性“机会”有所增加，而科研“动机”呈下降趋势。根据“能力—动机—机会”交互效应的原理，在两个因素不一致变化趋势的交互作用下，科研人员隶属机构的数量与其学术影响力之间呈现倒U型关系，隶属中等数量机构的科研人员学术影响力最高（如图6-1所示）。

综上，科研人员隶属机构的数量与学术影响力之间的作用关系可用倒U型现象的形成机制模型解释，从理论上验证了两者之间的倒U型关系研究假设的成立。

3. 研究假设的数据验证

(1) 数据概况

本案例中的样本数据为2020年发表在Web of Science核心合集数据库中的SCI-E和SSCI子库中，文献类型限定为Article和Review的论文，共计1914960篇。

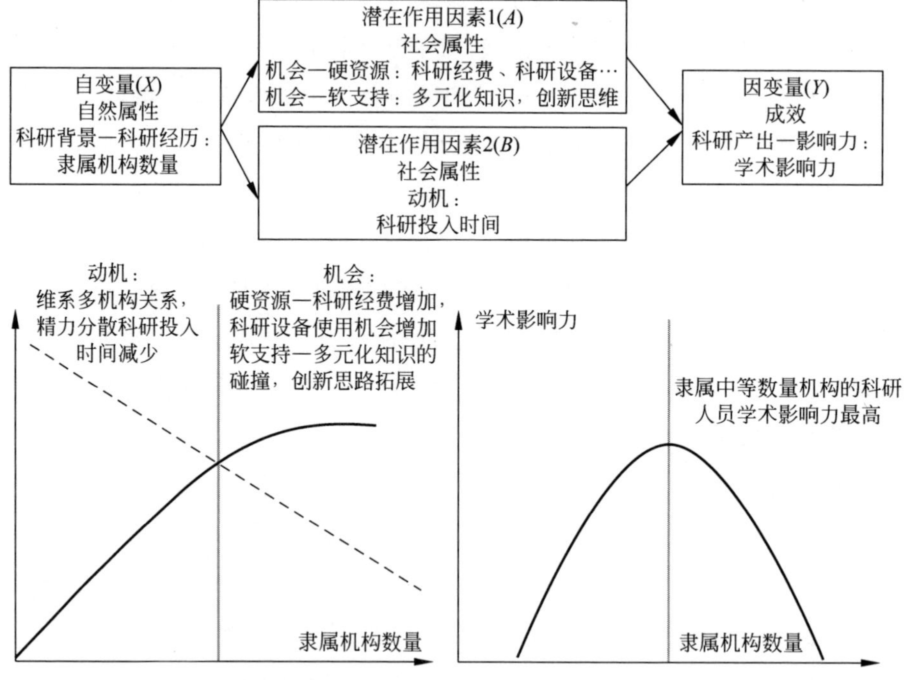

图 6-1　科研人员隶属机构数量—学术影响力之间倒 U 型关系的形成机制模型

本案例中选取 Incites 数据库中 Citaiton Topics(Macro 层面，不含人文艺术)作为学科分类体系，共计 9 个，包括：农业、环境与生态，化学，临床与生命科学，地球科学，电气工程、电子和计算机科学，工程与材料科学，数学，物理学和社会科学。

本案例的研究对象为科研人员，利用论文作者的机构、研究领域、邮箱等信息对作者姓名进行了初步消歧和规范。样本数据集共涉及科研人员 1422778 人，作者隶属机构的数量区间为 1～5。由于高产科研人员可能具有更高的学术声望，可能存在多隶属机构的可能性，本研究选取发文量在前 1% 的科研人员(下文简称 TOP1%科研人员)作为分析对象(少量学科隶属机构数量为 4 或 5 时科研人员数量较少，为保证样本数量，阈值调整至 5%或 10%)，共 18957 人。样本数据的学科、隶属机构数量分布如表 6-2 所示。

表 6-2　TOP 1%科研人员的学科、隶属机构数量分布

隶属机构数量	1	2	3	4	5	总计
农业、环境与生态	1345	318	44	20	10	1737
化学	1828	363	43	20	10	2264
临床与生命科学	4410	1124	198	177	35	5944
地球科学	2080	568	81	34	14	2777
电气工程、电子和计算机科学	1013	164	80	36	26	1319
工程与材料科学	794	146	72	27	13	1052
数学	1383	183	66	49	5	1686
物理学	683	156	102	52	37	1030
社会科学	854	118	76	56	44	1148

（2）变量的测度

本案例中的因变量为科研人员的学术影响力。学术论文是基础研究科研人员的主要产出形式，而被引频次是衡量论文学术影响力的基础指标。由于不同年、不同学科、不同文献类型论文的被引频次具有较大差异，本研究中用论文的归一化被引频次 CNCI，作为测度学术影响力的基础指标，见公式 6-1。科研人员的学术影响力为其发表论文 CNCI 的平均值，见公式 6-2。

$$\mathrm{CNCI}=\frac{c}{e_{ftd}} \tag{6-1}$$

CNCI：论文归一化被引频次，c：单篇论文的被引次数，e：期望值或基线，f：学科，t：年份，d：文献类型。

$$I=\frac{\sum_{i=1}^{n}\mathrm{CNCI}_i}{n} \tag{6-2}$$

I：科研人员论文学术影响力，CNCI：科研人员单篇论文的归一化被引频次，n：科研人员论文数量。

（3）数据分析结果

TOP 1%科研人员隶属机构数量、学术影响力的描述性统计如表 6-3 所示。图 6-2 显示了不同隶属机构数量科研人员学术影响力的均值。从图 6-2 可以看出，TOP 1%科研人员的学术影响力的均值随其隶属机构数量的增加

呈现“先升后降”的倒U型变化趋势：当科研人员隶属机构为1时，其CNCI平均值为1.161，当隶属机构增加至3时，指标得分上升至1.231，之后呈下降趋势。当科研人员隶属机构数量为5时，CNCI平均值减少至1.149(如图6-2所示)。

表6-3　TOP 1%科研人员隶属机构数量、学术影响力的描述性统计

变　量	样本量	均值	标准差	最小值	最大值
隶属机构数量	18954	1.294	0.665	1	5
学术影响力	18954	1.168	0.416	0	5.367

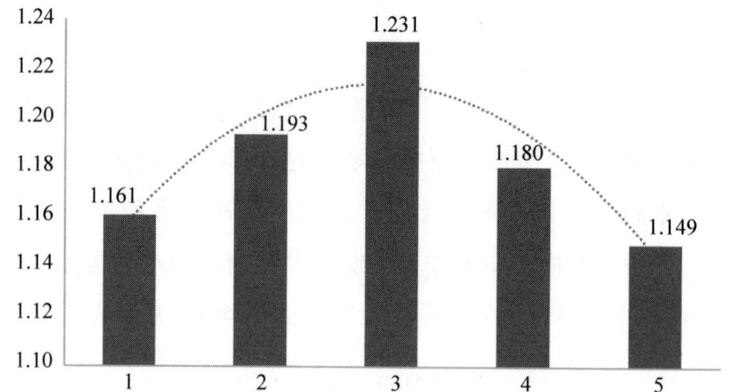

图6-2　不同隶属机构数量TOP 1%科研人员学术影响力平均值

对TOP 1%科研人员隶属机构数量与学术影响力之间关系的二次回归分析的结果如表6-4所示。基于表6-4的数据，自变量X——隶属机构数量与因变量Y——学术影响力之间的拟合函数为：$Y=1.097+0.077X-0.013X^2$。二次项的系数为负数，且P值远低于0.05，表明隶属机构数量与学术影响力之间存在显著的倒U型关系(如表6-4所示)。

表6-4　TOP 1%科研人员学术影响力与隶属机构数量二次回归模型结果

变　量	回归系数	系数标准差	P值	置信区间
隶属机构数量^2	−0.013	0.004	0.000	[−0.021,−0.006]
隶属机构数量	0.077	0.017	0.000	[0.043,0.111]
常数	1.097	0.015	0.000	[1.067,1.127]

同时，隶属机构数量为1和3，以及3和5的科研人员学术影响力差异显著，检验P值显著低于0.05（见附录一）。

在学科层面上，不同学科TOP 1%科研人员隶属机构数量与学术影响力之间的关系具有一定的差异。对于化学，电气工程、电子和计算机科学，工程与材料科学，数学和社会科学5个学科，隶属机构数量对学术影响力的倒U型影响显著，*P*值均小于0.05。在上述学科中，处于倒U型曲线“上升阶段”与顶点（隶属机构数量为1和2/3）的科研人员学术影响力均具有显著性差异；除工程与材料科学外，处于顶点与“下降阶段”（隶属机构数量为2/3和4/5）科研人员学术影响力的差异也都通过了显著性检验（见附录一）。

对于农业、环境与生态和临床与生命科学2个学科，尽管回归分析的P值均大于0.05，但图6-3中显示两个学科的科研人员影响力均值都在隶属机构2或3时达到高峰，其余机构数量的影响力均偏低，回归模型表现不显著的原因有待进一步探究。

地球科学和物理学的倒U型关系表现最不显著。特别是物理学，隶属机构数量平方的回归系数为正值，两者之间可能存在正U型现象（见图6-3，表6-5）。从理论研究的角度分析，科研活动中倒U型现象可能是多种影响因素共同作用的结果，本研究构建了倒U型现象最基础的形成机制模型，仅仅考虑了两个潜在作用因素之间的交互作用。物理学中倒U型现象可能受到更多因素的影响，未来研究中尝试使用更为复杂的理论模型，考虑更多因素的交互作用，对物理学领域这一现象进行理论验证。另外，在实证研究中，本书的主要目的是验证自变量与因变量之间的倒U型关系，在二次回归模型中，尚未对其他影响因素进行控制。这可能对实证研究结果产生噪声，未来研究中可在引入控制变量后，对物理学领域的数据进行再次验证。

以上分析表明，科研人员隶属机构数量与学术影响力之间存在倒U型关系，中等隶属机构数量（2～3个）的科研人员学术影响力最高。在学科层面，多数学科的科研人员也满足这一特征。这一研究结论可以为科研机构、科研管理部门制定科研人员兼职相关政策提供参考依据。

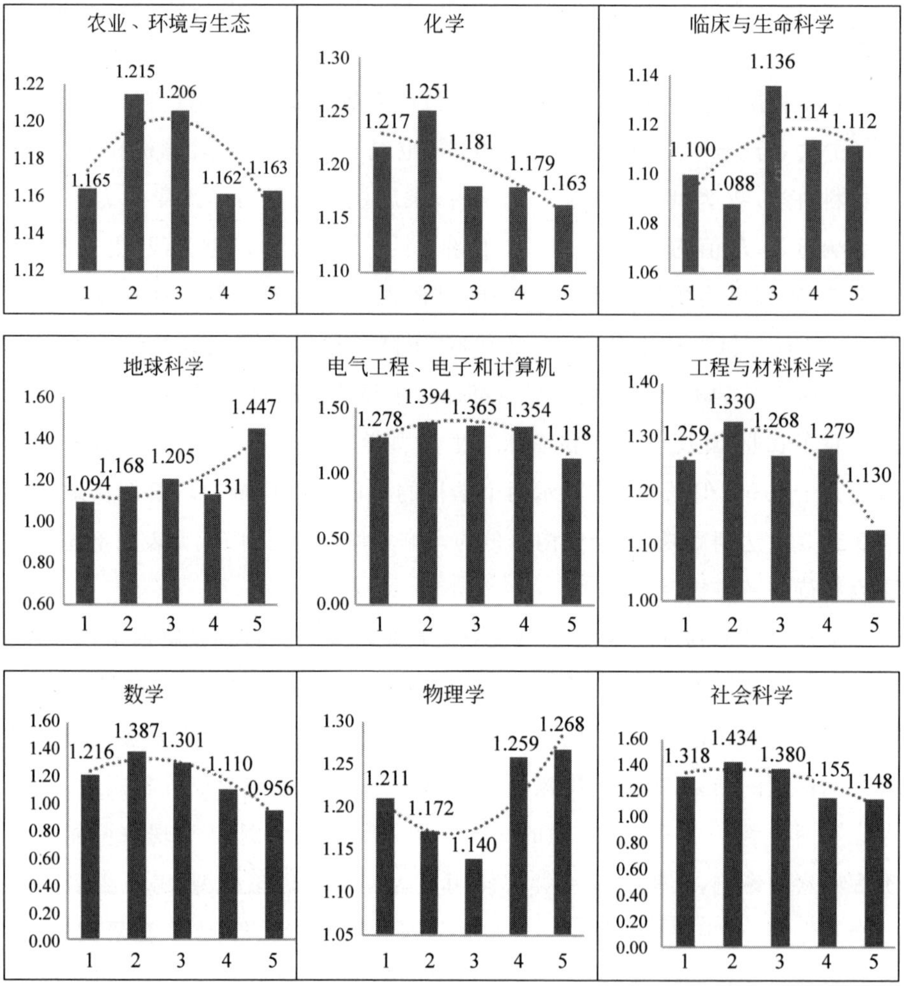

图 6-3　9 个学科不同隶属机构数量 TOP 1%科研人员学术影响力平均值

表 6-5　9 个学科 TOP 1%科研人员学术影响力与隶属机构数量二次回归模型结果

学　科	变　量	回归系数	系数标准差	P 值	置信区间
农业、环境与生态	隶属机构数量^2	−0.019	0.010	0.076	[−0.039,0.002]
	隶属机构数量	0.102	0.047	0.032	[0.009,0.195]
	常数	1.082	0.042	0.000	[1.000,1.163]

续表

学科	变量	回归系数	系数标准差	*P* 值	置信区间
化学	隶属机构数量^2	−0.017	0.008	0.044	[−0.033,0.000]
	隶属机构数量	0.075	0.037	0.042	[0.003,0.148]
	常数	1.159	0.032	0.000	[1.097,1.221]
临床与生命科学	隶属机构数量^2	0.005	0.006	0.363	[−0.006,0.017]
	隶属机构数量	−0.021	0.026	0.414	[−0.071,0.029]
	常数	1.115	0.022	0.000	[1.072,1.157]
地球科学	隶属机构数量^2	−0.005	0.010	0.613	[−0.024,0.014]
	隶属机构数量	0.079	0.044	0.074	[−0.008,0.165]
	常数	1.022	0.039	0.000	[0.946,1.097]
电气工程、电子和计算机科学	隶属机构数量^2	−0.049	0.014	0.000	[−0.076,−0.023]
	隶属机构数量	0.261	0.071	0.000	[0.121,0.400]
	常数	1.066	0.064	0.000	[0.941,1.192]
工程与材料科学	隶属机构数量^2	−0.028	0.012	0.021	[−0.052,−0.004]
	隶属机构数量	0.135	0.059	0.021	[0.020,0.250]
	常数	1.153	0.053	0.000	[1.050,1.256]
数学	隶属机构数量^2	−0.087	0.025	0.001	[−0.137,−0.037]
	隶属机构数量	0.408	0.117	0.000	[0.179,0.637]
	常数	0.896	0.099	0.000	[0.702,1.090]
物理学	隶属机构数量^2	0.022	0.011	0.050	[0.000,0.043]
	隶属机构数量	−0.109	0.057	0.058	[−0.221,0.004]
	常数	1.298	0.055	0.000	[1.190,1.407]
社会科学	隶属机构数量^2	−0.043	0.013	0.001	[−0.069,−0.016]
	隶属机构数量	0.195	0.071	0.006	[0.056,0.334]
	常数	1.169	0.065	0.000	[1.040,1.297]

6.2.2 国家科技发展水平—国际科研合作参与度

1. 研究假设

国际科技合作是当代一种重要的科学研究模式。科研人员通过国际合作可以更好地融入科学共同体，扩展科研网络，共享科研知识和技能，从而刺激创新的产出[168]，也可以促进科研成果的交流与扩散，提升科研成果的影响力[182]。

在国家层面上，积极参与国际合作不仅能够碰撞科研思想，促进更多高影响力科研成果的产出[183]，也是各国降低大型科研项目成本、便利访问和共享昂贵的科研资源及数据的一种有效方式[184]。此外，各国政府通过国际科技合作，有利于其解决经济社会重大问题（如能源问题、健康问题等），并通过促进知识创造（基础科学或工程）来促进本国经济增长[184]。

可见，国际科技合作可以为国家的创新发展带来显著的收益。大科学时代也推动着各个国家越来越积极地参与到国际科技合作中去。然而，合作想获得收益，需要合作双方具有相似的知识认知水平，知识水平差距过大的合作并不能有效地促进创新产出[185]。因此，国家的国际合作参与程度与国家的科技发展水平有着密切的关系。在国家科技发展水平相对较低的时候，国家科研体系尚未完善，科研人员认知水平较低，尚没有能力开展国际合作；而对科技水平发展高的国家而言，它们更加注重自主科技创新以及技术保护，国际合作参与度可能也不会很高。因此，本研究提出研究假设：国家的科技发展水平与国际科研合作参与度之间存在倒U型关系。

2. 研究假设的理论验证

(1) 自变量、因变量的定位

在研究假设中，拟发生倒U型关系的对象“国家”属于活动体中的“科研主体”，属于同一科研活动元素（活动体）属性/行为之间的倒U型现象。假设中的自变量国家的“科研水平”属于科研主体的自然属性中的科研背景—“科研经历”，因变量“国际合作参与度”是科研主体的社会属性中的“能力”—“协同合作能力”。

在科研生态系统中，科研主体的自然属性影响其社会属性，自然属性位于社会属性的上游位置，因此，国家科技发展水平可能对国际合作参与度产生影响。自变量和因变量的定位符合5.1.1小节的定位原则（如表6-6所示）。

表 6-6　国家科技发展水平—国际科研合作参与度倒 U 型现象自变量、因变量定位

变　　量	名　　称	定　　位
对象	国家	科研主体
自变量	科技发展水平	自然属性：科研背景—科研经历
因变量	国际合作参与度	社会属性：能力—协同合作能力

（2）倒 U 型现象的形成机制验证

对于科技发展水平较低的国家，大部分科研人员科研能力相对较弱，仅有少数人员可以开展面向国际前沿的研究，相应地，开展国际科研合作相对较少。

随着国家科技发展水平的积累，科研人员的“能力”也有所提升，开始与国外研究团队合作，这些合作通常与发达国家开展，被国外或是国际机构资助，聚焦于某一特定主题[6]。在这个发展阶段，国内科研人员开始进入国际科研网络，国家的国际合作程度有所提升。通过国际合作特别是与科技发达国家的合作，可以进一步提升自身的科研能力。

然而，当国家科技发展水平达到某一阶段，建立了自己的科研体系，科研人员的“能力”达到一定水平，可以独立开展研究工作，越来越多的研究由国家自主研究完成，同时，国家也开始注重自主产权和技术保护问题。此时国家对科研合作的意愿有所下降，参与国际合作的积极性也有所下降[6]。

可见，随着国家科技发展水平的提升，其社会属性“能力”（知识储备、科研技能）均呈上升态势，而开展国际合作的“动机”—内在动机：合作意愿呈下降趋势。根据“能力—动机—机会”交互效应的原理，在两个因素不一致变化趋势的交互作用下，国家科技发展水平-国际合作参与度之间呈现倒 U 型关系，中等科技发展水平国家的国际合作参与度最高（如图 6-4 所示）。

综上，国家科技发展水平—国际合作参与度之间的作用关系可以用倒 U 型现象的形成机制模型来解释，从理论上验证了倒 U 型关系研究假设的成立。

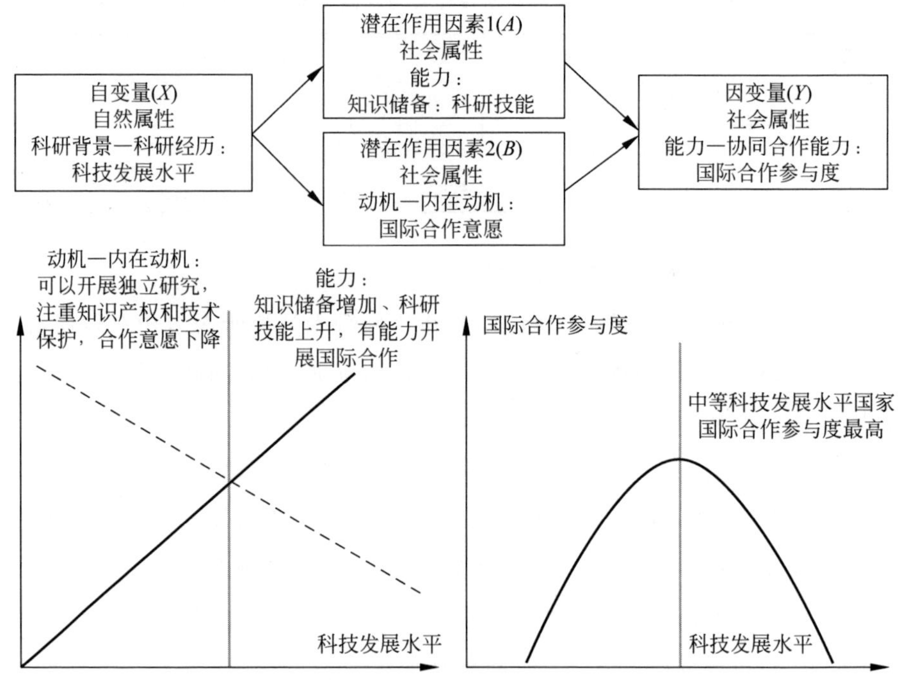

图 6-4 国家科技发展水平—国际合作参与度之间倒 U 型关系的形成机制模型

3. 研究假设的数据验证

(1) 数据概况

本研究选取 2021 年发表在 Web of Science 核心合集数据库(WoS 数据库)中的 SCI-E 和 SSCI 子库中的论文，文献类型限定为 Article 和 Review，剔除论文地址信息中没有标注国家/地区的论文，共计 2397524 篇。根据一篇论文中作者地址标注的数量，将论文划分为国际合作论文和自主研究论文。本研究的样本数据中，共包含国际合作论文 654979 篇，自主研究论文 1742545 篇。

本研究的研究对象聚焦于世界主要的科技国家，因此选取 2021 年发表论文排名前 50 位的国家作为样本。各国的论文数量、国际合作论文数量如表 6-7 所示。

表 6-7　样本国家 2021 年 WOS 论文数量、国际合作论文数量

序号	国家	论文数量	国际合作论文数量	序号	国家	论文数量	国际合作论文数量
1	中国	644040	155950	26	奥地利	24376	18011
2	美国	523275	226274	27	葡萄牙	23774	14962
3	英国	175453	119523	28	墨西哥	23080	11077
4	德国	150560	91090	29	挪威	22376	15830
5	印度	118581	40316	30	南非	21880	14117
6	意大利	107311	57916	31	以色列	20935	10973
7	日本	102805	37581	32	马来西亚	20643	13796
8	加拿大	98323	60269	33	新加坡	19985	14972
9	澳大利亚	96788	62495	34	捷克共和国	19698	12475
10	法国	94676	61321	35	芬兰	18804	13140
11	西班牙	90302	50476	36	希腊	17122	10055
12	韩国	83932	28880	37	泰国	15289	8550
13	巴西	69055	29203	38	智利	14571	10173
14	荷兰	57024	39542	39	爱尔兰	14504	10108
15	伊朗	53940	21622	40	新西兰	14267	9753
16	俄罗斯	50402	21347	41	阿根廷	12252	6885
17	土耳其	49151	14902	42	罗马尼亚	11935	5675
18	波兰	45062	18798	43	越南	11566	8544
19	瑞士	44014	33879	44	匈牙利	10554	6285
20	瑞典	39756	28506	45	哥伦比亚	9273	6250
21	沙特阿拉伯	38525	31581	46	阿联酋	8317	6999
22	比利时	32023	23799	47	印度尼西亚	7930	5195
23	丹麦	27583	19736	48	尼日利亚	7917	5285
24	埃及	26896	18135	49	孟加拉国	6967	5387
25	巴基斯坦	26887	19840	50	突尼斯	6122	4317

本案例中选取 Incites 数据库中 Citaiton Topics(Macro 层面，不含人文艺术)作为学科分类体系，共计 9 个，包括：农业、环境与生态，化学，临床与生命

科学，地球科学，电气工程、电子和计算机科学，工程与材料科学，数学，物理学和社会科学。

（2）变量的测度

• 自变量：国家科研发展水平

国家的科研发展水平受到多重因素的影响，难以直接测度。学术论文是基础研究的主要产出形式，对于一个国家而言，其学术论文质量与影响力可以从一定程度上反映出国家科研发展水平的高低。

在以往的研究中，通常选取国家论文的篇均引文来测度其论文的学术影响力。本书引入国家“超越指数”来测度国家论文的学术影响力。超越指数突破了均值指标的瓶颈，更鲁棒、客观地反映国家学术影响力的整体水平，解决了均值指标测度偏态分布数据时存在的问题。

由于国际科研合作对提升国家的科研发展水平具有促进作用，国际合作论文的学术影响力普遍偏高，而自主研究论文的学术影响力更能够真实地反映国家科研水平。为规避国际合作对国家科技发展水平自变量的影响，本书采用各国自主研究论文的超越指数（2015—2019 年）作为测度国家科技发展水平的指标，指标计算公式见公式 6-3、公式 6-4 和公式 6-5[186]：

$$\begin{aligned} S_A &= P(c_a > c_o \mid a \in A, o \in O) \\ &= \sum_{t,d} P(A^{t,d}) P(c_a > c_o \mid a \in A^{t,d}, o \in O^{t,d}) \end{aligned} \tag{6-3}$$

$P(c_a > c_o \mid a \in A^{t,d}, o \in O^{t,d})$：随机从国家 A 选择一篇论文，其引用数大于从其他期刊随机选择一篇相同主题、相同文献类型的论文被引频次的概率；c_a：国家 A 的一篇论文的被引频次；c_o：同文献类型同主题的其他论文；t：主题，$t \in \{$主题 1，主题 2，$\cdots\}$；d：文献类型，$d \in \{\text{article}, \text{review}\}$。

国家 A 在主题 t 的超越指数：

$$S_A^t = \frac{1}{N_{A^t}} \sum_d N_{A^{t,d}} \left[\frac{\sum_{a \in A^{t,d}, o \in O^{t,d}} 1(c_a > c_o) + \sum_{a \in A^{t,d}, o \in O^{t,d}} 0.5(c_a = c_o)}{N_{A^{t,d}} N_{O^{t,d}}} \right] \tag{6-4}$$

汇总得到国家 A 的超越指数

$$S_A = \frac{1}{N_A} \sum_t N_{A^t} S_A^t \tag{6-5}$$

N_{A^t}：国家 A 在主题 t 的论文数量。

• 因变量：国际合作参与度

在一个国家发表的论文中，国际合作论文占全部论文的比例可以用于测度科研合作的参与程度。

由于各学科对国际合作的需求不同，各学科的国际合作参与度有较大的差异。而不同国家具有不同的学科结构，为规避学科结构差异对国际合作参与度的影响，本研究中对各国的国际合作论文比例进行了领域归一化处理，国家 i 的国际合作参与度如公式 6-6 所示。

$$P_i = \frac{1}{n} \sum_{j=1}^{n} \frac{\mathrm{IC}_{ij} / P_{ij}}{\mathrm{IC}_{wj} / P_{wj}} \tag{6-6}$$

i：国家；j：学科；n：国家 i 论文隶属的学科数量；IC_{ij}：国家 i 学科 j 的国际合作论文数量；P_{ij}：国家 i 学科 j 的全部论文数量；IC_{wj}：世界学科 j 的国际合作论文数量；P_{wj}：世界学科 j 的全部论文数量。

在学科层面上，国际合作参与度即为该国国际合作论文占全部论文的比例。

（3）数据分析结果

国家超越指数、国际合作参与度的描述性统计如表 6-8 所示。图 6-5 显示了样本国家超越指数与国际合作参与度之间的关系。从图 6-5 可以看出，发展中国家大多位于左下方，这些国家的超越指数相对较低，国际合作参与度也不高；多数欧洲国家的超越指数位于样本国家的中部位置，但国际合作参与度很高；而美国的超越指数远高于其他国家，其国际合作参与度相对较低。整体而言，国家的超越指数与国际合作参与度之间的拟合曲线呈倒 U 型分布（如图 6-5 所示）。

表 6-8　国家超越指数、国际合作参与度的描述性统计

变　量	样本量	均　值	标准差	最小值	最大值
国家超越指数	50	0.386	0.153	0	1
国际合作参与度	50	2.338	0.574	0.900	3.243

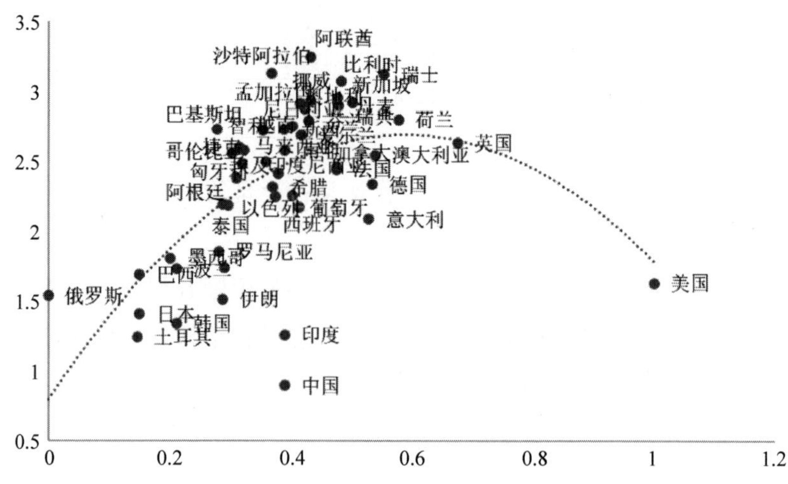

图 6-5　样本国家超越指数—国际合作参与度关系图

国家科技发展水平与国际合作参与度之间的二次回归分析结果如表 6-9 所示。基于表 6-9 的数据，自变量 X——国家超越指数与因变量 Y——国际合作参与度之间的拟合函数为：$Y=0.799+6.402X-5.419X^2$。二次项的系数为负数，且 P 值远低于 0.05，表明国家科技发展水平与国际合作参与度之间存在显著的倒 U 型关系（如表 6-9 所示）。

表 6-9　样本国家超越指数-国际合作参与度二次回归模型结果

变　　量	回归系数	系数标准差	P 值	置信区间
国家超越指数^2	−5.419	1.221	0	[−7.875,−2.963]
国家超越指数	6.402	1.194	0	[3.999,8.805]
常数	0.799	0.282	0.007	[0.232,1.367]

在学科层面上，除工程与材料科学外，其余 8 个学科的国家科技发展水平与国际合作参与度之间的倒 U 型关系均表现显著。二次项国家超越指数平方的回归系数为负值，且 P 值远低于 0.05（如图 6-6 和表 6-10 所示）。同时，对上述学科位于倒 U 型曲线“上升阶段”的国家与“顶点”的国家，以及处于“顶点”的国家与处于“下降阶段”的国家论文分别进行抽样，应用双样本比例检验，验证了两组样本中国家之间的国际合作参与度具有显著的差异，P 值

均低于 0.05(见附录二)。

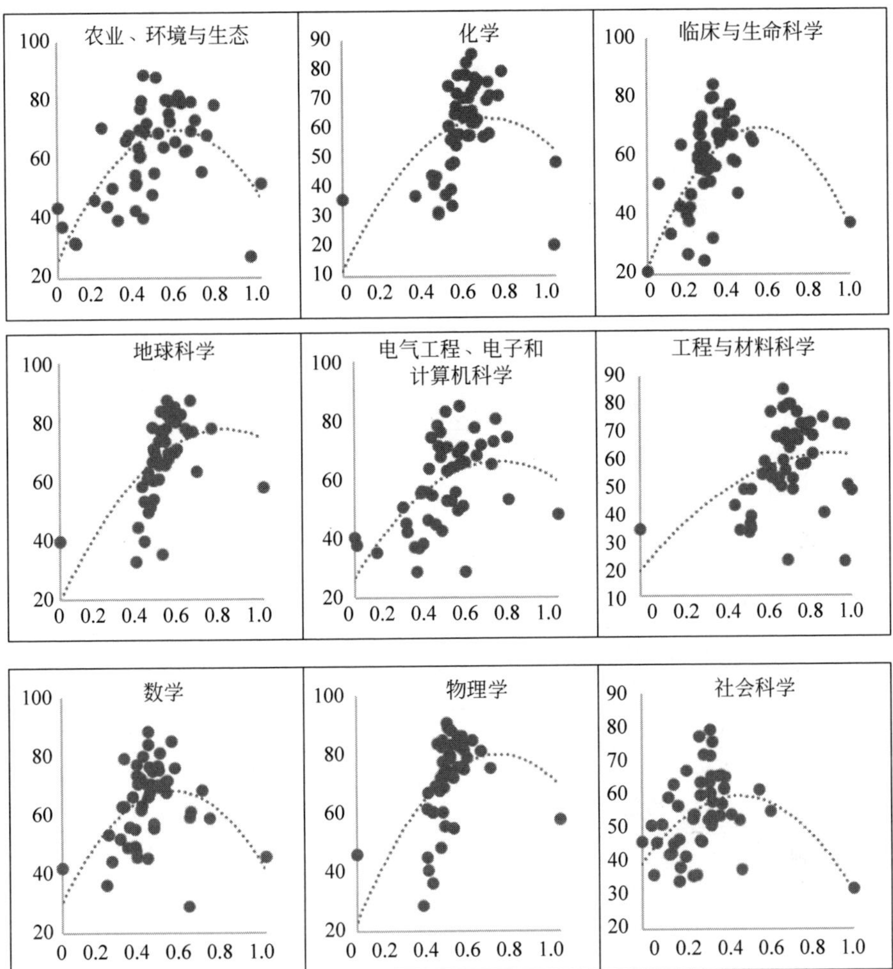

图 6-6 9 个学科国家超越指数与国际合作参与度关系图

表 6-10 9 个学科国家超越指数与国际合作参与度二次回归模型结果

学 科	变 量	回归系数	系数标准差	*P* 值	置信区间
农业、环境与生态	国家超越指数^2	−1.299	0.258	0.000	[−1.818,−0.781]
	国家超越指数	1.512	0.255	0.000	[0.999,2.025]
	常数	0.260	0.062	0.000	[0.135,0.386]

续表

学科	变量	回归系数	系数标准差	P 值	置信区间
化学	国家超越指数^2	−1.096	0.354	0.003	[−1.808,−0.384]
	国家超越指数	1.503	0.413	0.001	[0.672,2.334]
	常数	0.118	0.129	0.365	[−0.142,0.378]
临床与生命科学	国家超越指数^2	−1.610	0.341	0.000	[−2.297,−0.923]
	国家超越指数	1.753	0.336	0.000	[1.076,2.430]
	常数	0.219	0.071	0.003	[0.076,0.362]
地球科学	国家超越指数^2	−0.868	0.352	0.017	[−1.576,−0.16]
	国家超越指数	1.413	0.384	0.001	[0.640,2.185]
	常数	0.199	0.113	0.084	[−0.028,0.425]
电气工程、电子和计算机科学	国家超越指数^2	−0.774	0.307	0.015	[−1.392,−0.156]
	国家超越指数	1.098	0.299	0.001	[0.497,1.700]
	常数	0.269	0.073	0.001	[0.122,0.417]
工程与材料科学	国家超越指数^2	−0.528	0.338	0.125	[−1.208,0.152]
	国家超越指数	0.952	0.422	0.029	[0.104,1.801]
	常数	0.189	0.140	0.182	[−0.092,0.470]
数学	国家超越指数^2	−1.266	0.341	0.001	[−1.951,−0.580]
	国家超越指数	1.374	0.355	0.000	[0.661,2.088]
	常数	0.308	0.090	0.001	[0.126,0.490]
物理学	国家超越指数^2	−1.160	0.375	0.003	[−1.915,−0.405]
	国家超越指数	1.619	0.409	0.000	[0.797,2.441]
	常数	0.233	0.114	0.047	[0.003,0.463]
社会科学	国家超越指数^2	−0.961	0.250	0.000	[−1.463,−0.458]
	国家超越指数	0.876	0.229	0.000	[0.416,1.336]
	常数	0.394	0.045	0.000	[0.304,0.485]

以上分析表明，国家的科技发展水平与国际合作参与度之间存在倒U型关系，科技发展水平过低（如发展中国家）和过高的国家（如美国）国际合作参与度均不是很高，中等科技发展水平的国家国际合作参与度最高。在学科层面，除工程与材料科学外，其余学科均满足这一特征。这一现象的揭示对国家国际科技合作相关政策的制定而言具有一定的参考价值。

6.3 载体的倒U型现象甄别

6.3.1 科研论文参考文献年龄—学术影响力

1. 研究假设

参考文献是科技论文中不可或缺的部分，是一篇论文的知识基础和支撑，可以在不同程度上为论文提供理论支持或方法支持[186]，是论文影响力的重要影响因素之一[188][189]。

已有研究对参考文献的各种特征与论文影响力之间的关系进行了探究，包括参考文献数量、质量、学科分布等。研究发现：参考文献数量越多的论文的影响力越高[190][191]；引用高水平期刊论文有助于论文学术影响力的提升[189][192][193]。

参考文献年龄也是参考文献特征的重要组成部分，与论文的学术影响力之间具有一定的相关关系。Mammola 等人发现在生态学领域，引用“经典”成果对论文自身的被引频次没有显著影响[194]。一些研究表明，由于文献老化的原因，文献的知识价值随时间的增加呈下降趋势，因此论文的参考文献越“老”，被引频次越低[195][196][197]；Liang 等人的研究表明，尽管诺奖成果一直关注于最近的研究基础，但近期的诺奖成果对经典文献表现出越来越多的青睐，引用“高龄”参考文献的比例有所增加[198]。Mukherjee 等人的研究表明，新的科学突破是在经典文献与近期热点成果结合的基础上产生的，高影响力的成果更倾向于引用平均年龄低、年龄方差大的论文[199]。

Mukherjee 等人认为，研究者仅对近期论文进行关注（参考文献年龄过低）则有机会捕获最新的观点，但这些近期的研究有可能是短暂的“狂热”，最终走向失败；而如果仅仅关注经典文献（参考文献年龄过高），则可能无法将经典观点与目前关注的问题相结合，也不利于自身研究影响力的提升。因此，高影响力成果的产出是“新兴”与“经典”两种类型研究基础结合的产物[199]。本研究借鉴这一思想，提出研究假设：参考文献年龄过高或过低都不利于产出高影响力成果，中等参考文献年龄的论文的影响力可能最高，即：论文的参考文献年龄与学术影响力之间存在倒 U 型关系。

2. 研究假设的理论验证

（1）自变量、因变量的定位

在研究假设中，拟发生倒 U 型关系的对象“论文参考文献年龄”属于载体中的“科研成果”。自变量论文“参考文献年龄”属于科研主体的自然属性中的“内容—主题”，因变量“学术影响力”是科研主体的成效中的“影响力—学术影响”（如表 6-11 所示）。

在科研生态系统中，载体的自然属性影响其成效，自然属性位于成效的上游位置，因此，参考文献年龄可能对其学术影响力产生影响作用。自变量和因变量的定位符合 5.1.1 小节的定位原则。

表 6-11　科研论文参考文献年龄—学术影响力倒 U 型现象的自变量与因变量定位

变　　量	名　　称	定　　位
对象	论文	科研成果
自变量	参考文献年龄	自然属性：内容—主题
因变量	学术影响力	成效：影响力—学术影响

（2）倒 U 型现象的形成机制验证

随着现代同行评审谨慎性的增加，年龄越长的经典工作更禁得起时间考验，从而更能够被同行认可，为论文提供了更为牢靠的研究基础。因此，以诺奖为代表的重要成果开始倾向于引用经典文献，经典文献在重要成果产出中发挥了重要作用。引用经典的研究工作，论文自身研究内容的可靠性随之加强，被同行认可的可能性越高[198][199]。

但是，知识生产是知识迭代的过程，知识的价值会随着时间的流逝不断减少[200]，新知识可能修正了之前研究中的错误，被使用后可能产生问题更少、价值更大的知识[197]。最近的研究成果可能具备更前沿的理论和更先进的科学技术，更能够推动突破性想法的产生。因此，引用最新的研究成果有利于促进成果的创新性，更能推动科学研究不断向前发展[201]。

综上，当论文参考文献年龄低，即更多引用的是近期研究成果，对经典的研究成果引用不足，研究基础的可靠性可能相对较弱，研究有可能是短暂的"狂热"进而走向失败[199]；随着参考文献年龄的增加，研究基础可靠性逐步提高，论文自身受到同行认可的可能性相应增加；同时，参考文献年龄越高，表明论文大多引用的是年龄较为久远的研究成果，对最新前沿性研究问题的关注度不够，相应的论文本身的创新性可能有所降低。

可见，随着论文参考文献年龄的增加，其评价属性"认可程度"(可靠性)呈上升趋势，而自身的社会属性"学术价值"(创新性)可能有所下降。在两个因素不一致变化趋势的交互作用下，参考文献年龄与学术影响力之间呈现倒U型关系，参考文献年龄适度的论文学术影响力最高(如图6-7所示)。

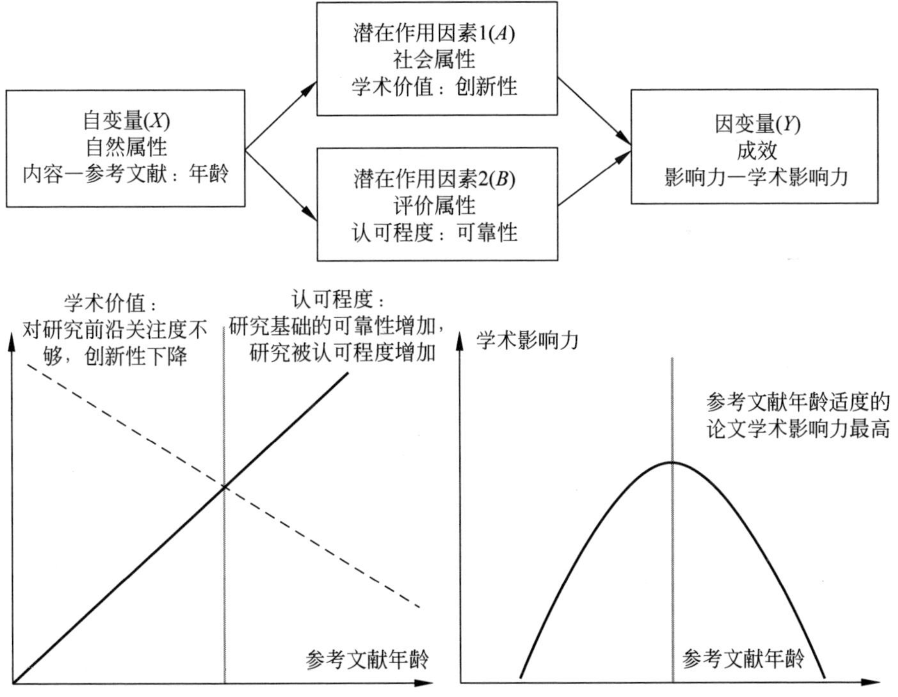

图6-7　科研论文参考文献年龄—学术影响力倒U型现象的形成机制模型

综上,论文参考文献年龄—学术影响力之间的作用关系可以用倒 U 型现象的形成机制模型来解释,从理论上验证了两者之间的倒 U 型关系研究假设的成立。

3. 研究假设的数据验证

(1) 数据概况

本案例中的样本数据为 2015 年发表在 Web of Science 核心合集数据库中的 SCI-E 和 SSCI 子库中的论文,共计 1594561 篇。

本案例中选取的分类体系为 Essential Science Indicators 数据库的分类体系(简称 ESI 分类体系),共 21 个(不含经济与商业)。其中,根据分析需要,将生物学、医学、地学环境、工程技术等相关学科进行了合并处理,最终学科共计 12 个,如表 6-12 所示。

表 6-12　本研究分类体系与 ESI 分类体系的映射关系

本研究分类	ESI 分类
材料科学	材料科学
地学、环境和生态	环境/生态学
	地球科学
工程技术与计算机科学	工程技术
	计算机科学
化学	化学
空间科学	空间科学
农业科学	农业科学
生物学	生物学与生物化学
	微生物学
	分子生物学与遗传学
	植物学与动物学
数学	数学
物理学	物理学
医学	临床医学
	免疫学
	神经科学与行为科学
	药理学与毒理学
	精神病学/心理学

续表

本研究分类	ESI 分类
社会科学	社会科学
综合性期刊	综合性期刊

(2) 变量的测度

• 自变量：参考文献年龄

本案例中的自变量参考文献年龄的测度指标为：论文引用全部参考文献年龄的平均值。研究选取的样例数据是 2015 年论文，因此单篇参考文献的年龄为 2015 减去参考文献的发表年，见公式 6-7。

$$\text{Age}=\frac{\sum_{i}^{n} PY_i - 2015}{n} \tag{6-7}$$

Age：论文参考文献年龄；PY_i：论文第 i 篇参考文献的发表年；n：论文参考文献数。

为降低数据的噪声干扰，更好地发现自变量与因变量之间的关系，本研究按照论文参考文献的年龄对应数据进行了分组，共计 21 组：[0-0.5)，[0.5-1)，[1-1.5)，[1.5-2)，[2-2.5)，[2.5-3)，[3-3.5)，[3.5-4)，[4-4.5)，[4.5-5)，[5-6)，[6-7)，[7-8)，[8-9)，[9-10)，[10-20)，[20-30)，[30-40)，[40-50)，[50-100)，100 以上。

此外，由于 80%的论文的参考文献年龄都在 20 年之内，下文分析中将自变量的取值范围限定在 0～20 之间(数学为 0～30)。

在下文分析中，自变量为该组别内所有论文参考文献年龄的平均值。

• 因变量：学术影响力

本研究采用组别内高被引论文的产出效率作为学术影响力的测度指标。高被引论文的产出效率指组别内高被引论文的数量占全部论文数量的比例。本研究中的高被引论文指 ESI 数据库的 TOP 1%论文，即 ESI 分类体系下每个学科被引频次位于前 1%的论文。

(3) 数据分析结果

论文参考文献年龄均值与高被引论文产出率的描述性统计如表 6-13 所

示。图 6-8 显示,对于分组后的样本数据,高被引论文的产出率随论文参考文献年龄均值的增加呈现"先升后降"的倒 U 型变化趋势：当参考文献年龄均值在 1 以下时,高被引论文产出率不足 0.5%。随着参考文献年龄均值的增加,高被引论文产出率呈上升趋势。当均值接近 4 时,产出率达到峰值 2.18%,之后开始逐渐下降。当参考文献年龄均值增加至 13 年左右时,高被引论文产出率下降至 0.54(如图 6-8 所示)。

表 6-13 不同组别参考文献年龄均值、高被引论文产出率的描述性统计

变 量	样本量	均 值	标准差	最小值	最大值
参考文献年龄均值	16	4.687	3.655	0.014	13.468
高被引论文产出率	16	0.012	0.007	0.000	0.022

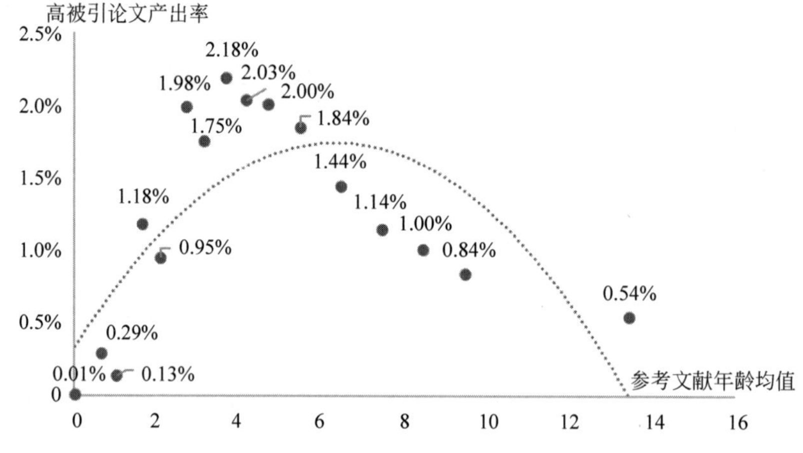

图 6-8 不同组别参考文献年龄均值与高被引论文产出率关系图

对不同组别参考文献年龄平均值与高被引论文产出率之间关系进行二次回归分析,结果如表 6-14 所示。基于表 6-14 的数据,自变量 X——参考文献年龄均值与因变量 Y——高被引论文产出率之间的拟合函数为：$Y=0.00331+0.00442X-0.00035X^2$。二次项的系数为负数,且 P 值远低于 0.05,表明参考文献年龄与学术影响力之间存在显著的倒 U 型关系(如表 6-14 所示)。

同时,分别对位于倒 U 型曲线"上升阶段"的参考文献年龄区间为[1.5-2)的论文、位于"顶点"的参考文献年龄区间为[3.5-4)的论文,以及位于"下降阶段”参考文献年龄区间为[7.5-8)的论文进行抽样，应用双样本比例检验，验证了两组样本中高被引论文的比例具有显著差异，P 值均低于 0.05(见附录三)。

表 6-14　不同组别参考文献年龄均值与高被引论文产出率二次回归模型结果

变　量	回归系数	系数标准差	P 值	置信区间
参考文献年龄均值^2	−0.00035	0.00009	0.002	[−0.0005,−0.0002]
参考文献年龄均值	0.00442	0.00114	0.002	[0.0020,0.0069]
常数	0.00331	0.00296	0.283	[−0.0031,0.0097]

在学科层面上，多数学科的参考文献年龄平均值与高被引论文产出率之间呈现出显著的倒 U 型关系。图 6-9 显示出，除 3 个物质科学学科(物理学、化学和材料科学)和工程技术与计算机科学外，其余学科参考文献年龄平均值与高被引论文产出率之间的倒 U 型曲线明显，且回归模型的 P 值显著低于 0.05。尽管材料科学、化学回归模型的 P 值大于 0.05，但图 6-9 中显示两个学科的高被引论文产出率也表现出了“先升后降”的特征，2 个学科都在参考文献平均年龄 2.2 时，高被引论文产出率达到最高峰，之后呈下降趋势。2 个学科倒 U 型关系回归模型表现不显著的原因有待进一步探究(如图 6-9，表 6-15 所示)。

同时，对上述学科参考文献年龄位于倒 U 型曲线“上升阶段”“顶点”及“下降阶段”的论文分别进行抽样，应用双样本比例检验，验证了两组样本中位于不同年龄区间论文的高被引论文产出率具有显著的差异 P 值均低于 0.05(见附录三)。

以上分析表明，科研论文参考文献年龄与学术影响力之间存在倒 U 型关系，参考文献年龄适中的论文更容易获得更高的学术影响力，参考文献平均年龄约为 4 年时，高被引论文的产出效率最高。在学科层面，除 3 个物质科学学科(物理学、化学和材料科学)和工程技术与计算机科学外，其余学科的论文也满足这一特征。这一结论对于科研人员优化引用行为，提升学术质量提供一定的证据支撑。

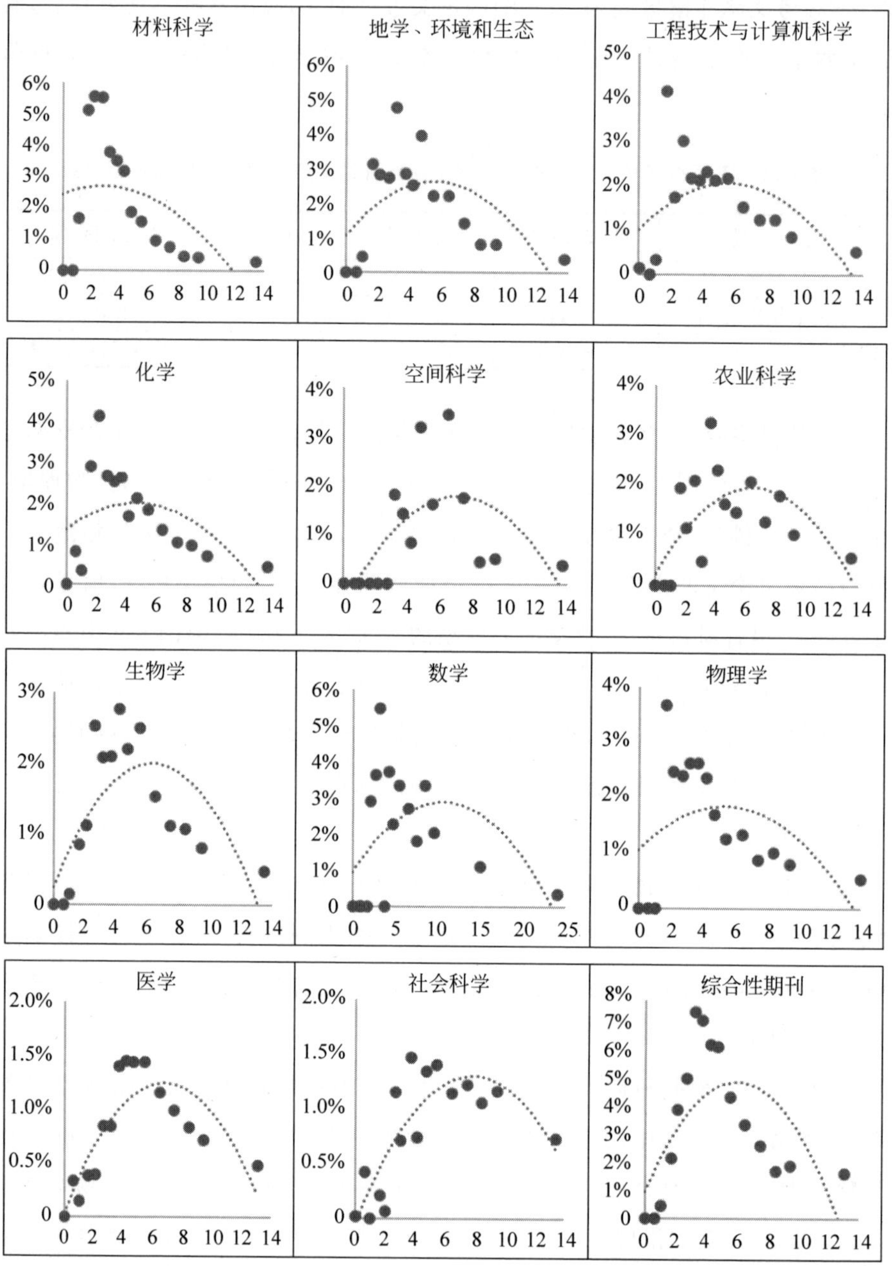

图 6-9　12 个学科不同组别参考文献年龄平均值与高被引论文产出率关系图

表 6-15　12 个学科不同组别参考文献年龄平均值与高被引论文产出率二次回归模型结果

学　　科	变　　量	回归系数	系数标准差	*P* 值	置信区间
材料科学	参考文献年龄均值^2	−0.0003	0.000	0.316	[−0.001,0.0004]
	参考文献年龄均值	0.0019	0.004	0.661	[−0.0071,0.0109]
	常数	0.0245	0.011	0.043	[0.0008,0.0482]
地学、环境和生态	参考文献年龄均值^2	−0.0005	0.000	0.027	[−0.0009,−0.0001]
	参考文献年龄均值	0.0056	0.003	0.057	[−0.0001,0.0115]
	常数	0.0106	0.007	0.161	[−0.0048,0.0261]
工程技术与计算机科学	参考文献年龄均值^2	−0.0003	0.000	0.066	[−0.0007,0.0000]
	参考文献年龄均值	0.0038	0.002	0.115	[−0.001,0.0087]
	常数	0.0101	0.006	0.113	[−0.0027,0.0229]
化学	参考文献年龄均值^2	−0.0003	0.000	0.112	[−0.0006,0.0001]
	参考文献年龄均值	0.0028	0.002	0.245	[−0.0021,0.0077]
	常数	0.0134	0.006	0.043	[0.0004,0.0264]
空间科学	参考文献年龄均值^2	−0.0004	0.000	0.011	[−0.0007,−0.0001]
	参考文献年龄均值	0.0063	0.002	0.007	[0.002,0.0106]
	常数	−0.0045	0.005	0.402	[−0.0157,0.0067]
农业科学	参考文献年龄均值^2	−0.0004	0.000	0.010	[−0.0006,−0.0001]
	参考文献年龄均值	0.0052	0.002	0.009	[0.0015,0.0088]
	常数	0.0023	0.004	0.604	[−0.0071,0.0118]
生物学	参考文献年龄均值^2	−0.0004	0.000	0.002	[−0.0006,−0.0002]
	参考文献年龄均值	0.0056	0.002	0.003	[0.0022,0.0089]
	常数	0.0023	0.004	0.578	[−0.0063,0.0109]

续表

学　科	变　量	回归系数	系数标准差	P 值	置信区间
数学	参考文献年龄均值^2	−0.0001	0.000	0.028	[−0.0002,0.0000]
	参考文献年龄均值	0.0022	0.001	0.095	[−0.0004,0.0048]
	常数	0.0138	0.006	0.024	[0.0019,0.0257]
物理学	参考文献年龄均值^2	−0.0003	0.000	0.123	[−0.0006,0.0001]
	参考文献年龄均值	0.0030	0.002	0.213	[−0.0019,0.0078]
	常数	0.0105	0.006	0.107	[−0.0026,0.0236]
医学	参考文献年龄均值^2	−0.0003	0.000	0.000	[−0.0003,−0.0002]
	参考文献年龄均值	0.0036	0.001	0.000	[0.0022,0.0050]
	常数	0.0001	0.002	0.941	[−0.0033,0.0036]
社会科学	参考文献年龄均值^2	−0.0002	0.000	0.001	[−0.0003,−0.0001]
	参考文献年龄均值	0.0034	0.001	0.000	[0.0019,0.0049]
	常数	−0.0005	0.002	0.762	[−0.0043,0.0032]
综合性期刊	参考文献年龄均值^2	−0.0011	0.000	0.010	[−0.0019,−0.0003]
	参考文献年龄均值	0.0135	0.005	0.014	[0.0032,0.0237]
	常数	0.0095	0.012	0.441	[−0.0164,0.0355]

6.3.2　期刊学术影响力—载文量

1. 研究假设

载文量是学术期刊知识与信息量的重要体现[202]，学术期刊的载文量与刊载论文的质量、期刊的学术影响力是密不可分的。

学界已经有很多关于期刊载文量与影响力之间关联关系的研究。Elizee等人以胃肠病学和肝病学期刊为样本，认为载文量与学术影响力之间存在正向相关关系，载文量越多，期刊影响因子越高[203]；在Bain等人的研究中，麻醉学期刊的学术影响力与载文量之间存在一定的正向相关关系，但顶级期刊的相关性很弱[204]。Zhang观测了英国《金融时报》FT50期刊15年间的载文量变化对影响因子的影响，研究结果表明多数FT50期刊多年来在载文量增加的同时，影响力也有一定的提升，但载文量的扩大须谨慎，增长过快可能会对期刊学术影响力产生相反的效果[205]；对于资源、生态、地理领域期刊而言，载文量与影响因子之间的相关性程度不一，增加载文量并不一定带来影响因子的提高，有的甚至会降低[206]。李建忠等人对图书情报领域期刊的载文量与期刊影响因子之间的关系进行了探究，发现对高载文量期刊而言，载文量与影响因子正向相关关系，但不同期刊载文量与影响因子之间的定量关系存在较大的异质性[202]。

综上，有关期刊载文量和影响力之间的关系，目前的研究结果尚无定论。并且，已有研究均是以载文量作为自变量，探究期刊载文量对学术影响力产生的作用。本案例研究中，拟以期刊学术影响力为自变量、载文量为因变量，对两者之间的关联关系进行分析，旨在揭示不同学术影响力期刊载文量的分布规律，为学术期刊了解自身的发展水平及定位，进而制定适合的发展战略提供参考依据。

一般来说，影响力较低的期刊通常稿源匮乏，因此载文量不会很高；而高影响力期刊可能具有非常严格的发表标准，导致它们的载文量也会相对较少。因此，本书提出研究假设：期刊学术影响力与载文量之间存在倒U型关系。

2. 研究假设的理论验证

(1) 自变量、因变量的定位

在研究假设中，拟发生倒U型关系的对象“学术期刊”属于载体中的“学术交流媒介”。自变量期刊“学术影响力”属于载体成效中的“影响力—学术影响”,因变量“载文量”是载文量的成效中的“生产力—产出规模”(如表 6-16 所示)。

在科研生态系统中,同一元素的同一属性可以相互影响,本案例中的自变量和因变量均为载体的成效,因此,期刊的学术影响力可能对载文量产生影响作用。自变量和因变量的定位符合 5.1.1 小节的定位原则。

表 6-16 期刊学术影响力-载文量倒 U 型现象的自变量与因变量定位

变　量	名　称	定　位
对象	期刊	学术交流媒介
自变量	学术影响力	成效：影响力—学术影响
因变量	载文量	成效：生产力—产出规模

(2) 倒 U 型现象的形成机制验证

载文量的大小取决于期刊对其学术水平和作者读者群的定位[207]。当期刊的学术影响力处于较低水平时,可能不会过多地被科学共同体发现和认可,对学界的吸引力不足,稿源相对匮乏,载文量较低。

期刊的声誉和影响力的提升,本质上是自身学术价值提升的重要表现。高学术价值的期刊会具有更为庞大的读者群体,从而吸引更多的作者群体向期刊投稿,期刊的稿源会有所增加,这是期刊载文量上升的重要基础。

然而,随着期刊学术影响力的提升,为保持自身学术价值的稳定,维护自身声誉,期刊对稿源质量的把控将愈加严格。高质量期刊通过分配专业编辑或评审人员,对稿件进行严格的审查和评估,从而筛选出优质稿源,剔除低质量的稿件。尽管高影响力期刊的稿源丰富,但由于严格的质量把控,拒绝接受稿件的比例也大幅提升。拒稿率的增加不利于期刊载文量的扩张。

综上,期刊学术影响力的提升是期刊学术价值增加的外在表现,随着学术价值的增加,期刊在学术共同体中的“吸引力”相应上升,给期刊带来了稿源数量增加的“收益”;然而,随着期刊影响力的上升,为保证自身学术价值保持较高的水准,期刊会提高自己的审稿标准,相应的“成本”—稿源质量决定的拒稿数量也随之上升。当期刊的影响力上升到一定水平,相对于影响力带来丰富稿源的“收益”,稿件质量方面高要求带来的拒稿数量,即“成本”因素会占据主导地位，从而导致期刊载文量（稿源数量与拒稿数量之差）的下降。在“收益—成本”叠加效应的作用下，期刊学术影响力与载文量之间呈现倒 U 型关系。中等学术影响力的期刊载文量最大（如图 6-10 所示）。

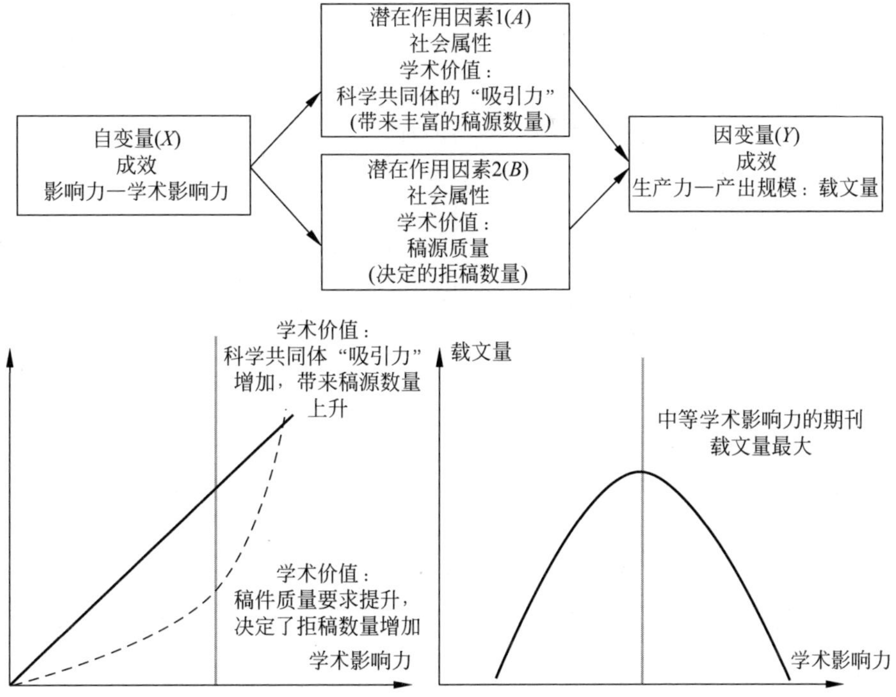

图 6-10　期刊学术影响力-载文量之间倒 U 型关系形成机制模型

3. 研究假设的数据验证

（1）数据概况

本案例中的样本数据为 2021 年 Journal Citaiton Report 数据库（JCR 数据库）中收录的 SCI 和 SSCI 期刊，共计 12150 本。

本案例中选取的分类体系为《中国科学院文献情报中心期刊分区表》的大类分类体系[①]，根据分析需要，将法学、心理学、管理学、经济学、教育学、语

① http://www.fenqubiao.com.

言学与传播学、历史学和哲学合并为“社会科学”，最终学科共计 13 个，各学科期刊数量如表 6-17 所示。

表 6-17　13 个学科的期刊数量分布

学　科	期刊数量
材料科学	390
地球科学	447
工程技术	1141
化学	395
环境科学与生态学	382
计算机科学	529
农林科学	681
社会科学	2840
生物学	881
数学	514
物理与天体物理	307
医学	3585
综合性期刊	58
总计	12150

（2）变量的测度

- 自变量：期刊学术影响力

以往的研究中，通常选取期刊影响因子来测度其论文的学术影响力。本案例研究中的期刊学术影响力测度指标为“超越指数”，超越指数突破了均值指标的瓶颈，更鲁棒、更客观地反映论文集合的整体水平，解决了均值指标测度偏态分布数据时存在的问题。期刊超越指数的算法见公式 6-8、公式 6-9 和公式 6-10[186]：

$$S_A = P(c_a > c_o \mid a \in A, o \in O) = \sum_{t,d} P(A^{t,d}) P(c_a > c_o \mid a \in A^{t,d}, o \in O^{t,d}) \tag{6-8}$$

$P(c_a > c_o | a \in A^{t,d}, o \in O^{t,d})$：随机从期刊 A 选择一篇论文，其引用数大于从其他期刊随机选择一篇相同主题、相同文献类型的论文被引频次的概率；c_a：期刊 A 上一篇论文的被引频次；c_o：同文献类型同主题的其他论文；

t：主题，$t\in\{$主题 1，主题 2，…$\}$；d：文献类型 $d\in\{\text{article},\text{review}\}$。

期刊 A 在主题 t 的超越指数：

$$S_A^t=\frac{1}{N_{A^t}}\sum_d N_{A^{t,d}}\left[\frac{\sum\limits_{a\in A^{t,d},o\in O^{t,d}}1(c_a>c_o)+\sum\limits_{a\in A^{t,d},o\in O^{t,d}}0.5(c_a=c_o)}{N_{A^{t,d}}N_{O^{t,d}}}\right] \tag{6-9}$$

汇总得到期刊 A 的期刊超越指数

$$S_A=\frac{1}{N_A}\sum_t N_{A^t}S_A^t \tag{6-10}$$

N_{A^t}：期刊 A 在主题 t 的论文数量。

超越指数的取值范围为 0～1 之间，指标得分越高表明期刊学术影响力越高。

为降低数据的噪声干扰，更好地发现自变量与因变量之间的关系，本研究按照期刊超越指数对数据进行了分组（以 0.1 为间隔），共计 10 组：[0-0.1)，[0.1-0.2)，[0.2-0.3)，[0.3-0.4)，[0.4-0.5)，[0.5-0.6)，[0.6-0.7)，[0.7-0.8)，[0.8-0.9)，[0.9-1]。

下文的分析中，自变量为组别内期刊超越指数的平均值。

- 因变量：期刊载文量

为规避期刊载文量可能出现的年度波动问题，本案例中的期刊载文量指 2018 年、2019 年和 2020 年这三年载文量的平均值。

由于各期刊载文量数值量纲差异较大，本研究中对每本期刊的载文量进行了对数归一化处理。

下文的分析中，因变量为按照自变量分组的组别内期刊载文量的平均值。

(3) 数据分析结果

超越指数均值，载文量均值的描述性统计如表 6-18 所示。图 6-11 显示，对于分组后的样本期刊数据，期刊载文量的均值随超越指数均值的增加呈现“先升后降”的倒 U 型变化趋势：超越指数均值不足 0.1 的期刊载文量的均值的对数为 1.09，即载文量约为 10 篇。随着超越指数均值的增加，期刊载文量呈上升趋势。当均值达到 0.75 时，载文量对数均值达到峰值 2.2，即期刊载文量约为 160 篇。当超越指数均值增加至 0.92 左右时,载文量对数下降至 1.89(如图 6-11 所示)。

表 6-18　超越指数均值、载文量均值的描述性统计

变　量	样 本 量	均　值	标 准 差	最 小 值	最 大 值
超越指数均值	10	0.501	0.288	0.078	0.923
载文量均值(归一化)	10	1.854	0.371	1.094	2.227

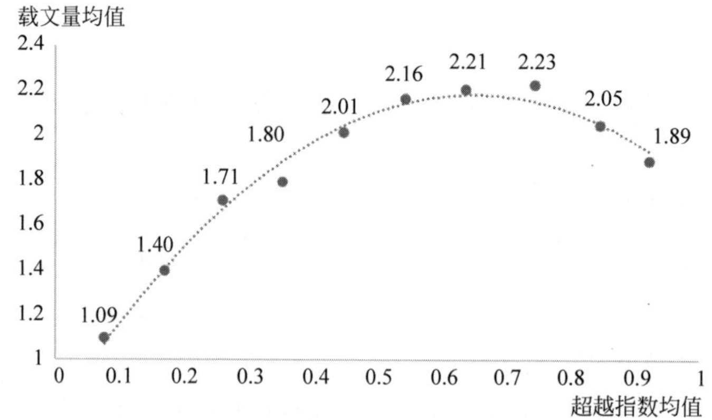

图 6-11　不同组别期刊超越指数均值与载文量均值关系图

基于表 6-19 的数据,自变量 X——超越指数均值与因变量 Y——载文量均值之间的拟合函数为:$Y=0.749+4.408X-3.387X^2$。二次项的系数为负数,且 P 值远低于 0.05,表明期刊学术影响力与载文量之间存在显著的倒 U 型关系(如表 6-19 所示)。

表 6-19　不同组别期刊超越指数均值与载文量均值二次回归模型结果

变　量	回 归 系 数	系数标准差	P 值	置 信 区 间
超越指数^2	−3.387	0.259	0.000	[−3.999,−2.775]
超越指数	4.408	0.268	0.000	[3.775,5.042]
常数	0.749	0.058	0.000	[0.611,0.886]

同时,选取超越指数位于[0.3-0.4)的期刊作为位于倒 U 型曲线"上升阶

段”的样本，选取倒超越指数位于[0.8-0.9)的期刊作为位于倒U型曲线“下降阶段”的样本，分别对它们的载文量与位于“顶点”[0.7-0.8)的期刊进行比较，两组样本的载文量均具有显著差异，*P* 值远低于0.05(见附录四)。

在学科层面上，除环境科学和生态学、农林科学和综合性期刊3个学科外，其余学科的超越指数均值与载文量均值之间呈现出显著的倒U型关系。图6-12显示出，除上述3个学科外，其余学科超越指数均值与载文量均值的倒U型曲线明显，且回归模型的 *P* 值显著低于0.05(如表6-20所示)。

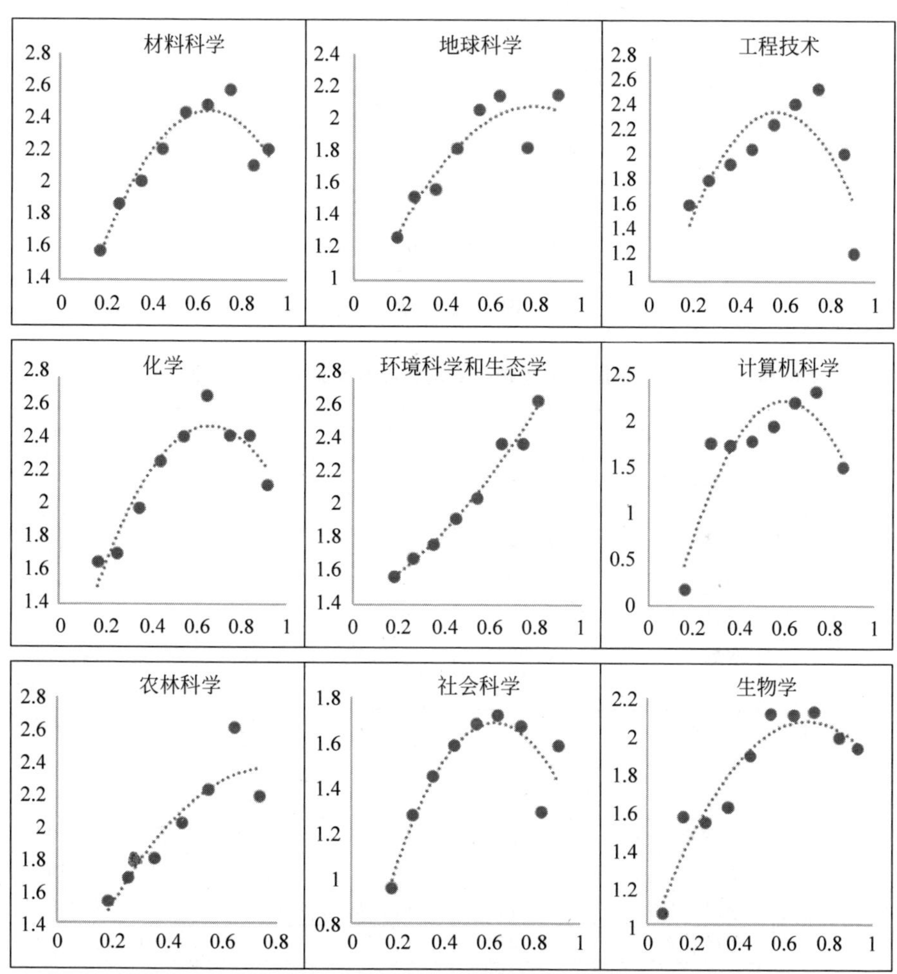

图6-12　13个学科不同组别超越指数均值与载文量均值关系图

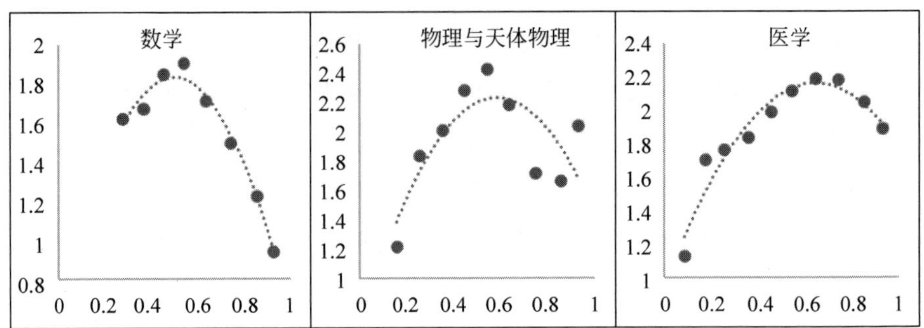

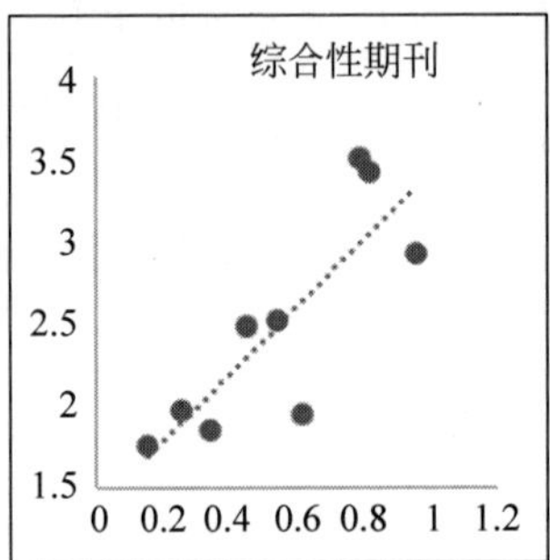

图 6-12 （续）

表 6-20 13 个学科不同组别超越指数均值与载文量均值二次回归模型结果

学　科	变　量	回归系数	系数标准差	*P* 值	置信区间
材料科学	超越指数^2	−3.927	0.760	0.002	[−5.787,−2.067]
	超越指数	5.115	0.849	0.001	[3.037,7.192]
	常数	0.781	0.205	0.009	[0.279,1.284]
地球科学	超越指数^2	−2.266	1.123	0.100	[−5.154,0.621]
	超越指数	3.546	1.218	0.033	[0.414,6.677]
	常数	0.692	0.290	0.063	[−0.053,1.437]
工程技术	超越指数^2	−6.132	1.895	0.018	[−10.770,−1.494]
	超越指数	6.840	2.105	0.017	[1.690,11.991]
	常数	0.438	0.507	0.421	[−0.803,1.679]
化学	超越指数^2	−3.505	0.727	0.003	[−5.284,−1.726]
	超越指数	4.624	0.803	0.001	[2.658,6.590]
	常数	1.020	0.192	0.002	[0.550,1.490]
环境科学和生态学	超越指数^2	0.971	0.653	0.197	[−0.707,2.649]
	超越指数	0.740	0.657	0.311	[−0.948,2.429]
	常数	1.409	0.145	0.000	[1.037,1.781]

续表

学　　科	变　　量	回归系数	系数标准差	P值	置信区间
计算机科学	超越指数^2	−9.584	2.619	0.015	[−16.315,−2.853]
	超越指数	11.404	2.704	0.008	[4.454,18.355]
	常数	−1.133	0.616	0.125	[−2.716,0.450]
农林科学	超越指数^2	−2.154	2.075	0.358	[−7.915,3.606]
	超越指数	3.355	1.928	0.157	[−1.997,8.706]
	常数	0.918	0.395	0.081	[−0.179,2.016]
社会科学	超越指数^2	−3.437	0.868	0.007	[−5.56,−1.314]
	超越指数	4.293	0.958	0.004	[1.950,6.636]
	常数	0.347	0.231	0.184	[−0.218,0.912]
生物学	超越指数^2	−2.391	0.541	0.003	[−3.669,−1.112]
	超越指数	3.363	0.556	0.001	[2.048,4.678]
	常数	0.894	0.120	0.000	[0.610,1.177]
数学	超越指数^2	−5.017	0.528	0.000	[−6.374,−3.66]
	超越指数	5.032	0.650	0.001	[3.361,6.702]
	常数	0.573	0.182	0.025	[0.107,1.04]
物理与天体物理	超越指数^2	−4.664	1.658	0.031	[−8.72,−0.607]
	超越指数	5.458	1.857	0.026	[0.914,10.002]
	常数	0.636	0.451	0.208	[−0.467,1.740]
医学	超越指数^2	−2.956	0.477	0.000	[−4.085,−1.828]
	超越指数	3.795	0.499	0.000	[2.615,4.975]
	常数	0.946	0.109	0.000	[0.687,1.204]
综合性期刊	超越指数^2	0.027	2.485	0.992	[−6.053,6.107]
	超越指数	2.002	2.813	0.503	[−4.881,8.886]
	常数	1.383	0.690	0.092	[−0.306,3.071]

在上述学科中，除数学外，学术影响力处于倒U型曲线“上升阶段”与顶点的期刊载文量均具有显著性差异；在学术影响力处于顶点与“下降阶段”期刊载文量的比较中，大部分学科通过了显著性检验。材料科学、地球科学、化学、生物学4个学科P值较高，表明较之上升趋势倒U型曲线的下降趋势不明显，这些学科的期刊影响力与载文量之间倒U型关系，未来可以用“断点回归”等其他方法进行进一步验证(见附录四)。

尽管农林科学的回归模型P值为0.358，但图6-12中显示，该学科的载文量在超越指数小于0.64时均呈上升趋势，再0.64时达到峰值2.43，之后下降至2.07,也表现出了"先升后降"的特征。环境科学和综合性期刊的超越指数均值和载文量均值之间基本呈线性相关关系(如图6-12,表6-20所示)。

以上分析表明,期刊的学术影响力与载文量之间存在倒U型关系,中等影响力(超越指数约为0.75)的期刊载文量最大。在学科层面,除环境科学和生态学、农林科学和综合性期刊3个学科外,其余学科的期刊基本满足这一特征。这一结论为学术期刊了解自身的发展水平及定位,进而制定适合的发展战略提供参考依据。

6.4 本章小结

本章是整个研究的应用研究部分,主要目标是将应用第5章构建的形成机制模型,甄别若干科研活动中尚未被识别的倒U型现象,并通过数据实验再次验证形成机制的合理性。

本章首先结合实践研究意义,提出了4个倒U型现象的研究假设:科研人员隶属机构数量与学术影响力之间的倒U型关系、国家科技发展水平与国际合作参与度之间的倒U型关系、科研论文参考文献年龄与学术影响力之间的倒U型关系、期刊学术影响力与载文量之间的倒U型关系。

应用倒U型现象的形成机制模型(第5章),从理论上验证了上述研究假设成立的合理性;同时,选取若干数据样本,从整体层面与学科层面分别对研究假设中的自变量与因变量进行曲线拟合,拟合数据大多通过了二次回归模型的检验与因变量的显著性检验。4个研究假设均通过了理论验证和数据验证,证明倒U型现象研究假设中的成立。

4个倒U型现象的揭示可以为相关科研政策的制定提供一定的参考依据。科研人员隶属机构数量与学术影响力之间存在的倒U型关系表明:中等隶属机构数量(2～3个)的科研人员学术影响力最高。这一研究结论可以为科研机构、科研管理部门制定科研人员兼职相关政策提供参考依据；国家的科技发展水平与国际合作参与度之间的倒 U 型现象表明：科技发展水平过低（如发展中国家）和过高的国家（如美国）国际合作参与度均不是很高，中等科技发展水平的国家国际合作参与度最高。这一现象的揭示对国家国际科技合作相关政策的制定具有一定的参考价值；科研论文参考文献年龄与学术影响力之间的倒 U 型关系表明：参考文献年龄适中的论文更容易获得更高的学术影响力，参考文献平均年龄为 4 年左右时，高被引论文的产出效率最高。这一结论对于科研人员优化引用行为，提升学术质量提供一定的证据支撑；期刊学术影响力与载文量之间的倒 U 型关系揭示出：学术影响力过高或过低的期刊载文量均处于相对较低水平，中等影响力（超越指数约为 0.75）的期刊载文量最大。这一结论为学术期刊了解自身的发展水平及定位、进而制定适合的发展战略提供参考依据。

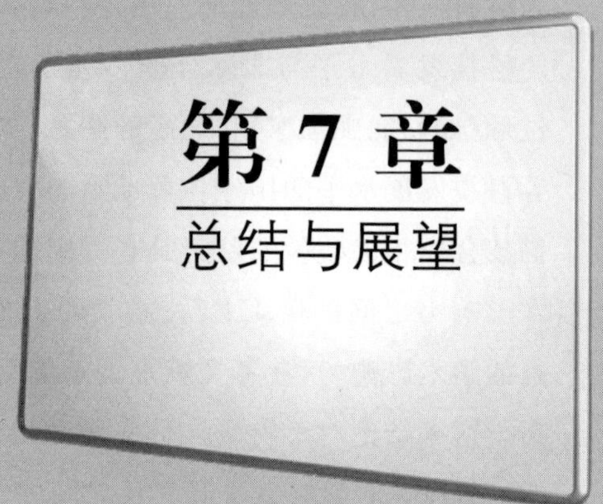

第 7 章 总结与展望

7.1 主要研究工作与结论

近年来，越来越多的科研活动中的倒U型现象被科学学研究所发现。倒U型现象具有科研活动结果随影响因素（形成原因）的增加呈现“先升后降”变化的特征，这一特征加深了对科研活动规律的解读，增加了基于科研活动规律的政策制定的复杂性：结果相同的科研活动，其影响因素（产生原因）可能相反；“积极”影响因素的“正向”作用存在临界点，超过临界点后“积极”因素可能对结果产生“负向”作用。深入了解科研活动中倒U型现象的本质特征，有助于合理解读科研活动规律、精准预判科研发展态势、客观评估科研活动的绩效，在此基础上为科研决策提供科学依据。

同时，倒U型现象表现出来的“先升后降”的特征也给科学学自身的研究工作带来了挑战。深入理解和认识倒U型现象是一种较为复杂的科研活动规律的探索，是科学学重要的研究问题。

科学学研究已经发现了若干科研活动中的倒U型现象，但这些现象的发现是随机的，甄别、预判未知的倒U型现象比较困难，且现象的解释缺乏普适性和推演性，无法为科研决策提供全面、系统的支撑证据。因此，要想甄别、预判更多的倒U型现象，有必要挖掘科研活动中倒U型现象的形成机制，全面、系统了解该类型现象形成的普适性规律。

本书以科研活动中的倒U型现象为研究对象，聚焦该类型现象的普适性形成机制，开展了以下几方面的研究工作。

1. 引入社会系统中倒U型现象的解释，指出科研活动倒U型现象的产生原因

社会系统是由具有一定自主能动性的个体，通过彼此间的互动和关联所形成的系统[104]。科研活动的倒U型现象本质上是其社会功能或社会影响的体现，是科研管理部门、科研人员等科研主体相互作用的结果。而科研主体之间互动和关联形成的科研系统可视为社会系统的子系统。因此，社会系统倒U型现象的解释对科研活动中该现象的形成机制挖掘具有一定的借鉴意义。

本书从社会科学各子系统（如经济系统等）的倒U型现象出发，在对其进行解读的基础上构建社会系统倒U型现象的形成机制模型。这一模型为社会系统各个子领域形成机制模型的构建提供了一个基础框架。科研系统是社会系统的子系统，这一模型也是挖掘科研活动倒U型现象形成机制的理论基础。

从数学原理上来看，自变量 X 与因变量 Y 之间倒U型现象本质上是由两个与自变量、因变量相关的潜在单调函数叠加而成，本研究将两个潜在函数的因变量 A 和 B 定义为自变量 X 和因变量 Y 之间倒U型现象的潜在作用因素。自变量 X 影响潜在作用因素 A 和 B，A 和 B 影响因变量 Y，A 和 B 对 Y 的影响作用通过两类数学模型实现：加法模型（$Y=A-B$）和乘法模型（$Y=A\cdot B$）。

在两类数学模型的基础上，本书构建了社会系统中倒U型现象的形成机

制模型:“收益—成本”叠加效应和“绩效/价值”影响因素的交互效应。在“收益—成本”叠加效应中,一个潜在作用因素具有“收益”的特点—因变量的积极影响因素,而另一个潜在作用因素具有“成本”的特点—因变量的消极影响因素,两个因素均随自变量增加而增加,但“成本”因素增加的速度高于“收益”因素,两个因素通过加法叠加形成倒 U 型现象;而在“绩效/价值”影响因素的交互效应中,两个潜在作用因素均为因变量的积极影响因素,但一个因素随自变量增加而增加,另一因素随自变量增加而减少,两者通过“此消彼长”的增减交互作用形成倒 U 型现象。

2. 借鉴生态系统中元素互相影响制约的原理,构建科研生态系统

科研活动中倒 U 型现象的形成机制挖掘,新的倒 U 型现象的发现,都依赖于对科研活动元素特征及元素间关联关系的了解。生态系统和科研系统都是广义的社会系统的一部分,都是由具有一定自主能动性的个体,通过互动和关系所形成的有序整体。两个系统具有相似的功能和机制,因此,生态系统的相关理论可以被借鉴到科研系统中。生物学领域围绕生态系统的活动规律开展了大量研究,相关的理论成果已成为业界共识。本书借鉴“生态系统”元素之间各具特点又相互影响制约、协调发展的原理,构建了“科研生态系统”,将科研活动中的元素有机地组织了起来。

科研生态系统由活动体和科研环境组成。其中,活动体包括科研主体、信息中介和科研管理部门。三个主体之间知识和信息的传递借助载体(科研成果、学术交流媒介、科研项目/科研政策)来实现。本研究中将活动体和载体统称为科研活动元素。

在科研生态系统中,每个科研活动元素均具有属性(自然属性和社会属性)和成效,活动体的自然属性包括基本信息、教育背景和科研背景;社会属性包括能力、机会和动机;成效包括活动体通过科研活动获得的学术声望以及通过产出和传递科研信息表现出来的学术水平。载体的自然属性包括基本信息、形式属性和内容属性;社会属性主要指其学术价值,即创新性;成效包括产出规模、学术影响力及应用价值。科研活动元素的属性/成效从根本

上确立了元素之间的作用关系。

科研生态系统中元素的属性/成效之间的作用关系具有方向性。对于同一活动元素的属性/成效而言,同一属性/成效之间相互影响;不同属性/成效之间的作用关系满足:自然属性影响社会属性,社会属性影响成效,成效影响(反映)社会属性。不同活动元素的属性/成效之间的关系遵循以下原则:按照科研生态系统的循环方向发生作用关系,上游元素对下游元素的属性/成效产生影响。

科研生态系统描述了各元素的特征及作用关系,基于这一系统,能够定位可能发生倒U型现象的科研活动元素及潜在作用因素,为挖掘倒U型现象形成机制提供了元素基础。

3. 提出科研活动中倒U型现象的形成机制模型

在社会系统倒U型现象形成机制模型的基础上,结合科研生态系统中科研活动元素的特征及作用关系,本研究构建了科研活动中倒U型现象的形成机制模型。

根据社会系统中倒U型现象的形成机制模型,挖掘形成机制,需要定位倒U型现象的自变量 X、因变量 Y,探测潜在作用因素 A、B,以及揭示三者之间的作用关系。

在本研究定义的科研生态系统中,科研活动中的各种关系,本质上都是发生在元素的属性/成效之间。因此,科研活动中倒U型现象的自变量和因变量均为元素的属性/成效。倒U型现象作用关系的方向性决定了作为自变量的属性/成效与因变量在同一位置或位于因变量的上游位置。

对于科研生态系统中的活动体而言,倒U型关系的潜在作用因素是其社会属性,包括活动体的能力、动机和机会;对载体而言,自变量、因变量发生倒U型关系的潜在作用因素除了其社会属性——学术价值外,还包括评价属性——认可程度。

在对科研活动中倒U型现象的自变量 X、因变量 Y 和潜在影响作用因素 A、B 进行定义的基础上,本研究构建了科研活动中倒U型现象的形成机制模型：活动体的形成机制模型包括“收益—成本”叠加效应和“能力—动机—机会”交互效应，载体的形成机制模型包括“收益—成本”叠加效应和“内在价值—外在评价”交互效应。

应用这一形成机制模型，本研究对已发现的倒U型现象进行了解释，验证了模型的合理性。

4．应用形成机制模型，预测、甄别尚未被识别的倒U型现象

结合实践研究意义，本书提出了4个倒U型现象的研究假设，分别是：科研人员隶属机构数量与学术影响力之间的倒U型关系、国家科技发展水平与国际合作参与度之间的倒U型关系、科研论文参考文献年龄与学术影响力之间的倒U型关系、期刊学术影响力与载文量之间的倒U型关系。

应用本研究构建的倒U型现象的形成机制模型，从理论上验证了上述研究假设的合理性，同时，选取若干数据样本，从整体层面与学科层面分别对研究假设中的自变量与因变量进行曲线拟合，拟合数据大多通过了二次回归模型的检验及显著性检验。4个研究假设均通过了理论验证和数据验证，证明了倒U型现象研究假设的成立。4个倒U型现象的揭示均为相关科研政策的制定提供一定的参考依据，主要内容如下。

多机构科研人员是科研系统中机构之间加强联系的桥梁与纽带。随着大科学时代的到来，科研人员隶属于多个机构的现象越来越普遍。科研人员隶属机构数量与学术影响力之间存在的倒U型关系表明：科研人并非隶属机构数量越多越好，中等隶属机构数量(2～3个)的科研人员学术影响力最高。这一研究结论可以为科研机构、科研管理部门制定科研人员兼职相关政策提供参考依据。

国际科技合作可以为国家的创新发展带来显著的收益，但国际合作的参与度与国家的科技发展水平密切相关。国家的科技发展水平与国际合作参与度之间的倒U型现象表明：科技发展水平过低(如发展中国家)和过高的国家(如美国)国际合作参与度均不是很高，中等科技发展水平的国家国际合作参与度最高。这一现象的揭示对国家国际科技合作相关政策的制定而言，

具有一定的参考价值。

参考文献是论文的知识基础和支撑，参考文献的年龄是论文学术影响力的影响因素之一。科研论文参考文献年龄与学术影响力之间的倒 U 型关系表明：过多引用最新或“经典”参考文献的论文，学术影响力都不会很高，参考文献年龄适中的论文更容易获得更高的学术影响力。当参考文献平均年龄为 4 年左右时，高被引论文的产出效率最高。这一结论对于科研人员优化引用文献、提高研究质量，提供了一定的证据支撑。

学术期刊的载文量与刊载论文的质量、期刊的学术影响力是密不可分的。期刊学术影响力与载文量之间的倒 U 型关系揭示出：学术影响力过高或过低的期刊载文量均处于相对较低水平，中等影响力（超越指数约为 0.75）的期刊载文量最大。这一结论为学术期刊了解自身的发展水平及定位，进而制定适合的发展战略提供参考依据。

7.2 研究不足与展望

描述和揭示科研活动的规律特征是科学计量学的重要研究内容，探究科研活动中倒 U 型现象的形成机制，对于深入了解该类型现象的本质特征、丰富科学计量学描述科研活动规律的研究内容具有重要的理论意义；同时，基于形成机制模型，甄别尚未被识别的倒 U 型现象对于提升科研绩效和科研活动效率、支撑科研政策制定具有一定的实践意义。

本书聚焦于科研活动中倒 U 型现象，研究了该现象的普适性特征，构建了形成机制模型，并甄别出科研活动中 4 个新的倒 U 型现象。然而，由于科研活动中倒 U 型现象的形成受到多重因素影响，形成机制的研究是个非常复杂的研究课题。由于时间和精力所限，本书仅对这一问题进行了初步探索，仍有诸多提升空间和有待进一步开展的研究工作。主要包括下列方面。

1. 理论研究方面

(1) 基于“两因素的加法和乘法交互效应”,提出了倒 U 型现象最基础的形成机制模型,未来可在此基础上通过考虑更多因素的交互作用,以及其他的交互方式,优化和拓展模型

形成机制模型是在倒 U 型曲线形成的数学模型的基础上构建的。本研究中,将倒 U 型曲线的数学表达描述为一个二次非单调函数,这个二次函数本质上是由两个潜在单调函数叠加形成的。相应地,在本研究构建的形成机制模型中,倒 U 型现象本质是由两个基本潜在作用因素交互叠加形成的,交互方式包括“加法模型”和“乘法模型”两种。

事实上,倒 U 型的数学表达模型远远不止二次函数一种,许多其他函数(如高斯函数等)都可能产生倒 U 型曲线。基于这些数学模型的倒 U 型现象形成机制模型也存在多种形式,这些模型中可能会涉及多个因素的叠加效应,且各因素之间的作用和影响关系也更加复杂。本研究尚未对多因素叠加的形成机制模型开展研究工作。例如:在 5.3.2 小节科研人员年龄与产出规模的倒 U 型现象形成机制模型中,科研人员年龄与产出规模的倒 U 型现象的本质是由科研人员的“能力”上升(知识储备增加等)与“动机”下降(从事科学研究时间减少)的交互叠加而形成。然而,除了这两个影响因素外,也有学者提到“过时理论”的影响作用[208],即:科研人员随着年龄增长,接受、适应新科学前沿问题的能力有所下降,对其发表论文会产生一定的阻碍作用,导致其科研产出下降。这一因素如何影响年龄与产出规模之间的倒 U 型关系,未在本研究考虑范围之内。

此外,对于“两因素的交互效应”,交互的方式也不仅仅只有“加法模型”和“乘法模型”两种类型,通过指数组合以及对数组合,也有可能产生倒 U 型曲线。

另一方面,本书中将科研系统视为社会系统的子系统之一,科研系统与社会系统具有可类比的共性特征进行,因此,将社会系统中倒 U 型现象的基础形成机制模型作为科研系统中模型构建的基础。然而,除了共性特征之外,科研系统也存在一些与社会系统不一致的个性化特征,这些特殊的个性特征也可能是科研活动中倒U型现象形成机制的影响因素。在本书的模型设计中,尚未考虑到这一特殊性对于模型构建的影响。

综上,本研究构建的倒U型现象形成机制模型只是最基础的一种类型,仅考虑了"两因素的加法和乘法交互效应"形成的倒U型现象,尚未关注"多因素交互"与该现象形成之间的关系,以及两因素其他可能的交互方式。这一模型并不是倒U型现象唯一的形成机制模型,也不适合解释全部的倒U型现象。

在后续的形成机制研究中,可参考其他倒U型曲线形成的数学模型,关注多重因素的叠加效应、两因素的其他交互方式,以及科研系统的个性化特征与倒U型现象形成的关系,对本研究构建的基础模型进行进一步的拓展和优化。

(2) 应用已有研究成果,对机制模型中的"两因素交互效应"进行了理论探讨,未来可考虑基于定量数据对"交互效应"进行精准描述,进一步验证模型的合理性和鲁棒性

在本研究构建的形成机制模型中,科研活动中倒U型现象的形成本质是两个潜在作用因素的交互效应。形成机制模型合理性的理论验证,本质上就是潜在作用因素交互效应的验证过程。

在5.2小节的定义中,形成机制模型中的潜在作用因素包括:活动体的能力、机会和动机,以及载体的学术价值和认可程度。这些潜在作用因素中,部分因素难以进行量化测度。因此,无论是对已发现倒U型现象的解释,还是应用研究部分研究假设的验证中,本研究均应用已发表的研究成果,对潜在作用因素的变化情况及交互效应进行理论支撑,从而验证交互作用的合理性,尚未使用定量数据进行精确的描述。

例如:对于6.3.1小节的研究假设——科研论文参考文献年龄与学术影响力倒U型现象,两个潜在作用因素分别为论文的内在学术价值—创新性,另一个为论文的认可程度——可靠性,定量描述两个因素随论文参考文献年龄的变化情况相对比较困难,因此,本研究中引用了已发表论文对两个因素的变化进行了理论探讨：Liang[198]、Mukherjee[199]等人的研究成果说明论文的可靠性随参考文献的年龄上升呈上升趋势，而Nerkar[197]、Egghe[200]、Wang[201]等人的研究表明论文自身的创新价值随参考文献的上升可能有所下降。在这些论文的支撑下，理论上证明了倒U型现象形成的合理性。

在未来研究中，可选取若干可量化的指标对潜在作用因素的变化情况及交互效应进行精准描述，从数据实验的角度对潜在作用因素的交互效应进行验证，进一步验证形成机制模型的合理性和鲁棒性。

（3）构建了倒U型现象形成机制的基础理论模型，未来可深入探究机制模型的定量化，精准预测倒U型现象的极值点

本书的重点研究工作在于：构建了一个科研活动中倒U型现象形成机制的基础理论模型，为预测、甄别尚未发现的倒U型现象提供了判断依据。但本书尚未对这一理论模型的定量化开展研究工作。倒U型现象的重要特征在于其具有一个“极值点”，构建形成机制的定量模型并基于模型预测、甄别极值点，对于形成机制的研究具有重要意义。

在未来的研究工作中，可尝试对形成机制的理论模型进行量化描述，用于确定倒U型现象的“极值点”，通过调节、控制自变量及量化模型的参数，使得作为因变量的科研活动元素达到“最佳状态”。量化的形成机制模型可以更加精准地支撑科研决策。

（4）以科研系统与生态系统具有类似的社会系统特征为基点，本书借鉴“生态系统”理论构建了科研生态系统，未来需深入探究科研系统与生态系统的可类比性，完善理论借鉴的合理性论述

根据“广义”社会系统的定义，科研系统与生态系统都可视为社会系统的子系统，两者具有相似的特征及功能。以上述定义为基点，应用生态隐喻方法，本书在第4章借鉴生态系统元素互相影响制约的原理，构建了科研生态系统。但尚未对两个系统的共性特征进行全面、系统的类比分析。

未来研究工作中，需深入探究科研系统与生态系统的可类比性，系统梳理两者之间的共性特征及差异点，明确生态系统中哪些概念及特征可以被借鉴到科研系统中，哪些不适合借鉴，进一步完善借鉴“生态系统”相关理论的合理性论述。

(5)重点关注同一科研活动元素之间的倒U型现象,未来需加强不同科研活动元素之间的倒U型现象的形成机制研究

本研究的形成机制研究中,重点关注了同一科研活动元素倒U型现象的形成机制,尚未对不同科研活动元素之间的倒U型现象的关联以及不同元素之间倒U型关系的多阶传递过程进行深入研究。

例如:活动体的属性/成效对载体倒U型现象的影响作用。在本研究定义的科研生态系统中,载体本质上是活动体产出科研信息、实现系统的信息传递的"媒介",载体的各种属性从根本上是由信息的生产者——即活动体的属性/成效所决定的。因此,载体的倒U型现象的形成原因本质上应该追溯到其创造者——上游活动体的各种属性/成效。在本研究中,尚未将载体的倒U型现象的形成原因与其上游活动体的属性/成效关联起来进行深入分析,这是后续研究中需要加强的内容之一。

此外,本书的5.3.1.3节对不同元素之间倒U型现象的形成机制进行了初步的探究,认为:不同元素的倒U型关系是多属性/成效作用关系的多阶传递过程。但由于研究篇幅所限,本书中只列出了单调递增作用关系的传递模式。未来可针对更为复杂的不同单调性作用关系的多阶传递模式开展研究工作。

(6)"极限"条件约束下的倒U型现象的形成机理需要进一步探究

本研究构建的科研活动中倒U型现象的形成机制模型,为解释已发现的倒U型现象提供了理论依据。在本研究的第5章,也应用此机制对部分案例现象进行了解释。然而,笔者在研究中也发现,一些倒U型现象是在一定"极限"条件约束的情况下形成的,这些现象不适用于用现有的形成机制模型来解释,它们有可能是多影响因素叠加效应的结果(研究不足的第1点已经提及),也有可能存在其他特殊的形成机理。

如:论文关键词的平均网络中心度与论文被引频次的倒U型关系。论文关键词的网络中心度越高,该关键词未来可能与其他词组配的机会越大,可能创造的创新价值也越高,被引用的概率也会越大。但基于知识组配理论

(见 2.2.4 节),知识组配的价值是有极限的,在关键词的中心度达到某一个峰值后,关键词已经耗尽了组配价值,未来可能被组配机会将会减少。相应地,对于具有过高中心度关键词的论文而言,其被引频次不会无限制提升,达到一定峰值后会趋于减少[56]。可见,这一倒 U 型现象形成的核心因素是知识的组配价值是有极限的,在这一极限条件的约束下,论文的创新价值呈现先升后降的变化趋势。这类“极限”条件约束下的倒 U 型现象,不适用于用本研究中的形成机制(两个潜在作用因素的叠加效应)来解释,其形成的本质机理需要进一步探究。

2. 应用研究方面

(1) 应用拟合曲线检验的方式验证“狭义”倒 U 型现象的存在,未来可采用断点回归等方法验证“广义”倒 U 型现象

倒 U 型现象本质上反映的是科研活动的社会影响。理解倒 U 型现象可以从狭义和广义两个角度。狭义的倒 U 型现象需满足严格的数学关系,而广义的倒 U 型现象指在因变量达到临界点的前后,自变量与因变量的相关关系相悖。

本书应用拟合曲线检验的方式验证“狭义”倒 U 型现象的存在,采用二次回归模型对实证研究中的倒 U 型曲线进行验证,验证方法是 Aiken 等人提出的多元回归检验方法[167],即:自变量 X 与因变量 Y 的拟合函数为 $Y=\beta_0+\beta_1X+\beta_2X^2$,且 β_2 是具有显著意义的负数。但后续研究中,Lind 等人认为这样拟合的曲线可能存在拐点后曲线特征不显著等问题,因此,提出了更为严谨的曲线检验标准[209]:除了满足上述条件外,还需要保证“曲线两边坡度须陡到数据范围的结尾”以及“曲线转折点要在数据范围内提供置信区间”这两个要求。

此外,除二次回归模型外,断点回归方法也可以用于检验倒 U 型关系的存在[210]。较之二次回归模型,断点回归方法的重点在于推测倒 U 型关系的转折点,以及于转折点的前后,自变量和因变量之间相关关系的变化情况,更加适用于对“广义”倒 U 型现象的检验。

未来研究中可尝试应用 Lind 等人的标准,或断点回归的方式,从“狭义”和“广义”两个角度对 4 个实证研究中的倒 U 型曲线进行补充检验,进一步提升实证研究的精准性。

(2) 通过无控制变量的二次回归分析,证明了潜在倒 U 型关系的存在,未来可通过加入控制变量的方式对倒 U 型关系进行再次确认验证,提升实证分析的精准性

在 4 个研究假设的数据验证中,由于控制变量选择的多元化及数据可获取性,本研究仅对自变量和因变量之间的关系进行了二次回归模型检验,并未引入控制变量进行约束。因此,回归分析仅验证了自变量和因变量之间可能具有潜在的倒 U 型关系,加入控制变量后,回归分析的结果可能会有所变化。

后续研究中,将选择相关的重要控制变量加入回归分析,对潜在的倒 U 型关系进行进一步的验证,提升实证分析的精准性。

(3) 重点对成立的倒 U 型现象进行了描述,后续研究需加强对非倒 U 型现象的解释,为理论模型的改进提供证据支撑

在第 6 章实证研究中,数据实验绝大多数都验证了自变量与因变量之间倒 U 型关系的存在,但也有个别学科层面的实验数据表现出非倒 U 型关系,本书尚未对这部分现象形成的原因进行深入探究,可能与本研究构建的理论模型尚不完善(如尚未考虑多因素交互效应)有关,也有可能和实证研究的方法(如未应用断点回归验证“广义”的倒 U 型现象)、变量的选取(如未引入控制变量带来的噪声)相关。未来研究中,可将这些非倒 U 型现象为切入点,应用多元化方法、引入更多控制变量进行数据实验,为优化、改进理论模型提供更为翔实的数据支撑。

(4) 实证分析中重点关注倒 U 型关系的成立,未来可进一步深入探究倒 U 型现象的其他影响因素(如调节变量等),更科学、有效地支撑决策

本书重点关注的内容是科研活动中倒 U 型现象是如何形成的,以及应用形成机制模型能够甄别尚未被识别的倒 U 型现象。因此,在本书的实证研究中,数据实验部分的主要目的是验证研究假设中自变量和因变量之间的潜在的倒U型关系，进而说明形成机制模型的合理性。一些深入的研究内容，如调节变量对倒U型现象产生影响等暂不在本书的研究范围内。

调节变量是对倒U型现象产生影响的其他因素，后续研究可以引入若干调节变量，通过调节变量的变化更深入探索自变量和因变量之间的复杂关系，并通过控制调节变量对倒U型现象产生的结果进行部分干预，从而得出更具有实用性、更有效支撑决策的研究结论。

参考文献

[1] 陈悦,张立伟,刘则渊.世界科学学的序曲——波兰学者对科学学的重要贡献[J].科学学研究,2017,35(1):4-10.

[2] Fortunato S,Bergstrom C T,Boerner K,et al. Science of science[J]. Science,2018,359(6379):1007.

[3] 普赖斯.小科学,大科学[M].北京:世界科学出版社,1982.

[4] Milojević S. Quantifying the cognitive extent of science[J]. Journal of Informetrics,2015,9(4):962-973.

[5] Zipf G K. Selected Studies of the Principle of Relative Frequency in Language[M]. Cambridge,MA,USA:Harvard University Press,1932.

[6] Moed H F,Halevi Dr G. Tracking scientific development and collaborations-The case of 25 Asian countries[J]. Research trends,2014,1(38):8.

[7] Grant A M,Schwartz B. Too much of a good thing:The challenge and opportunity of the inverted U[J]. Perspectives on psychological science,2011,6(1):61-76.

[8] Wang Y,Hu R,Li W,et al. Does teaching benefit from university-industry collaboration? Investigating the role of academic commercialization and engagement[J]. Scientometrics,2016,106:1037-1055.

[9] 汤建民.生态隐喻方法论[J].重庆邮电大学学报:社会科学版,2008,20(2):68-72.

[10] Kuznets S. Economic growth and income inequality[J]. The American economic review,1955,45(1):1-28.

[11] Jones N. Competing after radical technological change:The significance of product line management strategy[J]. Strategic Management Journal,2003,24(13):1265-1287.

[12] Houngbonon G V,Jeanjean F. What level of competition intensity maximises

investment in the wireless industry? [J]. Telecommunications Policy, 2016, 40(8): 774-790.

[13] Laamanen T. Dependency, resource depth, and supplier performance during industry downturn[J]. Research Policy, 2005, 34(2): 125-140.

[14] Chang S J, Park S. Types of firms generating network externalities and MNCs' co-location decisions[J]. Strategic Management Journal, 2005, 26(7): 595-615.

[15] Ang S H. Competitive intensity and collaboration: Impact on firm growth across technological environments [J]. Strategic Management Journal, 2008, 29 (10): 1057-1075.

[16] Li M, Chen X, Zhang G. How does firm size affect technology licensing? Empirical evidence from China[J]. Scientometrics, 2017, 112: 1249-1269.

[17] Alonso-Borrego C, Forcadell F J. Related diversification and R&D intensity dynamics[J]. Research Policy, 2010, 39(4): 537-548.

[18] Shan B, Cai L, Hatfield D E, et al. The relationship between resources and capabilities of new ventures in emerging economies[J]. Information Technology and Management, 2014, 15(2): 99-108.

[19] Magni M, Angst C M, Agarwal R. Everybody needs somebody: The influence of team network structure on information technology use[J]. Journal of Management Information Systems, 2012, 29(3): 9-42.

[20] Hsu C L, Liao Y C. Exploring the linkages between perceived information accessibility and microblog stickiness: The moderating role of a sense of community [J]. Information & Management, 2014, 51(7): 833-844.

[21] Dong J Q, Wu W, Zhang Y S. The faster the better? Innovation speed and user interest in open source software[J]. Information & Management, 2019, 56 (5): 669-680.

[22] Park E G, Oh W. Trust, ICT and income: their relationships and implications[J]. Online Information Review, 2018, 42(2): 268-281.

[23] Chen X, Wei S. Enterprise social media use and overload: A curvilinear relationship [J]. Journal of Information Technology, 2019, 34(1): 22-38.

[24] Till D, Maika C, et al. How CEO experience, personality, and network affect firms' dynamic capabilities[J]. European Management Journal, 2015, 33(4): 245-256.

[25] 张军伟，龙立荣. 领导宽恕与员工工作绩效的曲线关系：员工尽责性与程序公平的调节作用[J]. 管理评论，2016，28(4)：134-144.

[26] Chen S, Wang D, Zhou Y, et al. When too little or too much hurts: Evidence for a curvilinear relationship between team faultlines and performance[J]. Asia Pacific Journal of Management, 2017, 34: 931-950.

[27] Dayan M, Ozer M, Almazrouei H. The role of functional and demographic diversity on new product creativity and the moderating impact of project uncertainty[J].

Industrial Marketing Management,2017(61): 144-154.

[28] Chang E C. Optimism & pessimism: Implications for theory,research,and practice [M]. Washington,DC: American Psychological Association,2001.

[29] Oishi S,Diener E,Lucas R E. The optimum level of well-being: Can people be too happy? [J]. Perspectives on Psychological Science,2007,2(4): 346-360.

[30] Somers M J,Casal J C. Organizational commitment and whistle-blowing: A test of the reformer and the organization man hypotheses [J]. Group & Organization Management,1994,19(3): 270-284.

[31] Reutskaja E, Hogarth R M. Satisfaction in choice as a function of the number of alternatives: When "goods satiate"[J]. Psychology & Marketing, 2009, 26(3): 197-203.

[32] 梁立明,赵红州.科学发现年龄定律是一种威布尔分布[J].自然辩证法通讯,1991(1): 28-36.

[33] 金碧辉,李玲,朱献有,等.从科技论文著者群体的年龄分布看我国科技队伍的构成状况[J].科学通报,2002,47(10): 6.

[34] Kyvik S. Age and scientific productivity. Differences between fields of learning[J]. Higher Education,1990,19(1): 37-55.

[35] Aksnes D W,Rorstad K,Piro F,et al. Are female researchers less cited? A large-scale study of Norwegian scientists [J]. Journal of the American Society for Information Science and Technology,2011,62(4): 628-636.

[36] Cole S. Age and scientific performance[J]. American journal of sociology,1979,84(4): 958-977.

[37] Gonzalez-Brambila C,Veloso F M. The determinants of research output and impact: A study of Mexican researchers[J]. Research Policy,2007,36(7): 1035-1051.

[38] Önder A S, Schweitzer S. Catching up or falling behind? Promising changes and persistent patterns across cohorts of economics PhDs in German-speaking countries from 1991 to 2008[J]. Scientometrics,2017,110(3): 1297-1331.

[39] Phillips J S,Carson K D,Carson P P. Evolution of Affective Career Outcomes: A Field Study of Academic Librarians[J]. College & Research Libraries,1994,55(6): 541-549.

[40] Baruffaldi S, Visentin F, Conti A. The productivity of science & engineering PhD students hired from supervisors' networks [J]. Research Policy, 2016, 45(4): 785-796.

[41] Wang G,Gan Y, Yang H. The inverted U-shaped relationship between knowledge diversity of researchers and societal impact[J]. Scientific Reports, 2022, 12(1): 1-10.

[42] Yan Y,Guan J. How multiple networks help in creating knowledge: evidence from alternative energy patents[J]. Scientometrics,2018,115(4): 51-77.

[43] Huo D, Motohashi K, Gong H. Team diversity as dissimilarity and variety in organizational innovation[J]. Research Policy,2019,48(6): 1564-1572.

[44] Rijnsoever F J, Hessels L K, Vandeberg R L J. A resource-based view on the interactions of university researchers[J]. Research Policy,2008,37(8): 1255-1266.

[45] Iglič H,Doreian P,Kronegger L,et al. With whom do researchers collaborate and why? [J]. Scientometrics,2017,112: 153-174.

[46] Wu L,Wang D,Evans J A. Large teams develop and small teams disrupt science and technology[J]. Nature,2019,566(7744): 378-382.

[47] Lee Y N,Walsh J P,Wang J. Creativity in scientific teams: Unpacking novelty and impact[J]. Research Policy,2015,44(3): 684-697.

[48] Perović S,Radovanović S,Sikimić V,et al. Optimal research team composition: data envelopment analysis of Fermilab experiments[J]. Scientometrics,2016,108(1): 83-111.

[49] Bertolotti F, Mattarelli E, Vignoli M, et al. Exploring the relationship between multiple team membership and team performance: The role of social networks and collaborative technology[J]. Research Policy,2015,44(4): 911-924.

[50] O'leary M B,Mortensen M,Woolley A W. Multiple team membership: A theoretical model of its effects on productivity and learning for individuals and teams[J]. Academy of Management Review,2011,36(3): 461-478.

[51] 哈巍,于佳鑫.辅助人员对科研生产力的影响——以中国科学院为例[J].华东师范大学学报(教育科学版),2019,37(1): 83-94.

[52] 常涛,裴飞霞.团队地位差异性与团队创造力的倒U型关系:任务特征的调节作用[J].科技进步与对策,2022,39(7): 132-141.

[53] Badar K, Hite J M, Ashraf N. Knowledge network centrality, formal rank and research performance: evidence for curvilinear and interaction effects [J]. Scientometrics,2015,105: 1553-1576.

[54] Belkhouja M, Yoon H D. How does openness influence the impact of a scholar's research? An analysis of business scholars' citations over their careers[J]. Research Policy,2018,47(10): 2037-2047.

[55] Rotolo D,MesseniPetruzzelli A. When does centrality matter? Scientific productivity and the moderating role of research specialization and cross-community ties[J]. Journal of Organizational Behavior,2013,34(5): 648-670.

[56] Guan J,Yan Y,Zhang J J. The impact of collaboration and knowledge networks on citations[J]. Journal of Informetrics,2017,11(2): 407-422.

[57] Guan J,Wei H. A bilateral comparison of research performance at an institutional level[J]. Scientometrics,2015,104(1): 147-173.

[58] Kobarg S,Stumpf-Wollersheim J,Welpe I M. More is not always better: Effects of collaboration breadth and depth on radical and incremental innovation performance

at the project level[J]. Research Policy, 2018, 48(1): 1-10.

[59] Wang Y, Hu D, Li W, et al. Collaboration strategies and effects on university research: evidence from Chinese universities[J]. Scientometrics, 2015, 103(2): 725-749.

[60] Liang X, Liu A M M. The evolution of government sponsored collaboration network and its impact on innovation: A bibliometric analysis in the Chinese solar PV sector [J]. Research Policy, 2018, 47(7): 1295-1308.

[61] Haslam N, Laham S. Early-career scientific achievement and patterns of authorship: the mixed blessings of publication leadership and collaboration [J]. Research Evaluation, 2009, 18(5): 405-410.

[62] Chen Z, Guan J. The impact of small world on innovation: An empirical study of 16 countries[J]. Journal of Informetrics, 2010, 4(1): 97-106.

[63] Zhang Y, Chen K, Zhu G, et al. Inter-organizational scientific collaborations and policy effects: an ego-network evolutionary perspective of the Chinese Academy of Sciences[J]. Scientometrics, 2016, 108(3): 1383-1415.

[64] 潘文慧，赵捧未，丁献峰．科研项目负责人网络位置对项目创新的影响[J]．科研管理，2021，42(5)：207-217.

[65] Yang J, Wu Q, Wang C. Research networks and the initial placement of PhD holders in academia: evidence from social science fields[J]. Scientometrics, 2022: 1-26.

[66] Packalen M, Bhattacharya J. NIH funding and the pursuit of edge science[J]. Proceedings of the National Academy of Sciences, 2020, 117(22): 12011-12016.

[67] Breschi S, Malerba F. Assessing the scientific and technological output of EU Framework Programmes: evidence from the FP6 projects in the ICT field[J]. Scientometrics, 2011, 88(1): 239-257.

[68] Hudson J. An analysis of the titles of papers submitted to the UK REF in 2014: authors, disciplines, and stylistic details[J]. Scientometrics, 2016, 109(2): 871-889.

[69] Liu M, Shi D, Li J, et al. Double-edged sword of interdisciplinary knowledge flow from hard sciences to humanities and social sciences: Evidence from China[J]. PLoS One, 2017, 12(9): e0184977.

[70] Yegros-Yegros A, Rafols I, D'Este P. Does interdisciplinary research lead to higher citation impact? The different effect of proximal and distal interdisciplinarity[J]. PLoS One, 2015, 10(8): e0135095.

[71] Larivière V, Gingras Y. On the relationship between interdisciplinarity and scientific impact[J]. Journal of the American Society for Information Science and Technology, 2010, 61(1): 126-131.

[72] Shi D, Rousseau R, Yang L, et al. A journal's impact factor is influenced by changes in publication delays of citing journals[J]. Journal of the Association for Information Science and Technology, 2017, 68(3): 780-789.

[73] Moed H F, de Moya-Anegon F, Guerrero-Bote V, et al. Are nationally oriented journals indexed in Scopus becoming more international? The effect of publication language and access modality[J]. Journal of Informetrics,2020,14(2): 101011.

[74] 叶鹰,金玮. 科学学的基本规律探讨[J]. 科学学研究,2000,18(2): 16-18.

[75] 杨立英,周秋菊,岳婷等. 中国科学:整体推进与各学科均衡发展的思考——2012年SCI论文统计分析[J]. 科学观察,2013(1): 27-54.

[76] Beaudry C, Allaoui S. Impact of public and private research funding on scientific production: The case of nanotechnology[J]. Research Policy, 2012, 41(9): 1589-1606.

[77] Fabrizio K R, Di Minin A. Commercializing the laboratory: Faculty patenting and the open science environment[J]. Research policy,2008,37(5): 914-931.

[78] 张坤鑫. 地方政府注意力与环境政策执行力的倒U型关系研究[J]. 公共管理评论,2021,3(4): 132-161.

[79] Subramanian A M, Bo W, Kah-Hin C. The role of knowledge base homogeneity in learning from strategic alliances[J]. Research Policy,2018,47(1): 158-168.

[80] Díaz-Díaz N L, Saá-Pérez P. The interaction between external and internal knowledge sources: an open innovation view[J]. Journal of Knowledge Management,2014,18(2): 430-446.

[81] Keijl S, Gilsing V A, Knoben J, et al. The two faces of inventions: The relationship between recombination and impact in pharmaceutical biotechnology[J]. Research Policy,2016,45(5): 1061-1074.

[82] Dannefer D. Cumulative Advantage/Disadvantage and the Life Course: Cross-fertilizing Age and Social Science Theory[J]. Journal of Gerontology Series B: Social Sciences,2003,58(6): S327-S337.

[83] Merton R K. The Matthew effect in science, II: Cumulative advantage and the symbolism of intellectual property[J]. Isis,1988,79(4): 606-623.

[84] Allison P D, Stewart J A. Productivity differences among scientists: Evidence for accumulative advantage[J]. American sociological review,1974: 596-606.

[85] Fox M F. Publication productivity among scientists: A critical review[J]. Social studies of science,1983,13(2): 285-305.

[86] 赵万里,付连峰. 科学中的优势积累:经验检验与理论反思[J]. 科学与社会,2014,4(2): 75-89.

[87] 效用最大化.[EB/OL].[2022-12-15]. https://wiki.mbalib.com/wiki/%E6%95%88%E7%94%A8%E6%9C%80%E5%A4%A7%E5%8C%96.

[88] Zuckerman H, Merton R K. Patterns of evaluation in science: Institutionalisation, structure and functions of the referee system[J]. Minerva,1971,9(1): 66-100.

[89] Hanifan L J. The rural school community center[J]. The Annals of the American Academy of Political and Social Science,1916,67(1): 130-138.

[90] Nahapiet J, Ghoshal S. Social capital, intellectual capital, and the organizational advantage[J]. Academy of management review,1998,23(2): 242-266.

[91] Rodan S,Galunic C. More than network structure: How knowledge heterogeneity influences managerial performance and innovativeness[J]. Strategic management journal,2004,25(6): 541-562.

[92] McFadyen M A, Cannella Jr A A. Social capital and knowledge creation: Diminishing returns of the number and strength of exchange relationships[J]. Academy of management Journal,2004,47(5): 735-746.

[93] 曾明彬,韩欣颖,张古鹏,等.社会资本对科学家科研绩效的影响研究[J].科学学研究,2022,40(2): 288-296.

[94] Hansen M T. Knowledge networks: Explaining effective knowledge sharing in multiunit companies[J]. Organization science,2002,13(3): 232-248.

[95] March J G. Exploration and exploitation in organizational learning[J]. Organization science,1991,2(1): 71-87.

[96] Nooteboom B. Inter-firm alliances: Analysis and design [M]. Psychology Press,1999.

[97] Nooteboom B,Vanheverbeke W,Duysters G,et al. Optimal cognitive distance and absorptive capacity[J]. Research Policy,2007,36(7): 1016-1034.

[98] Gilsing V,Nooteboom B,Vanhaverbeke W,et al. Network embeddedness and the exploration of novel technologies: Technological distance, betweenness centrality and density[J]. Research policy,2008,37(10): 1717-1731.

[99] Colombelli A,Krafft J,Quatraro F. Properties of knowledge base and firm survival: Evidence from a sample of French manufacturing firms[J]. Technological Forecasting and Social Change,2013,80(8): 1469-1483.

[100] Fleming L. Recombinant uncertainty in technological search[J]. Management science,2001,47(1): 117-132.

[101] Arthur W B. The structure of invention[J]. Research policy,2007,36(2): 274-287.

[102] Carnabuci G,Bruggeman J. Knowledge specialization,knowledge brokerage and the uneven growth of technology domains[J]. Social forces,2009,88(2): 607-641.

[103] Wang C,Rodan S,Fruin M,et al. Knowledge networks,collaboration networks,and exploratory innovation[J]. Academy of Management Journal, 2014, 57(2): 484-514.

[104] 社会系统.[EB/OL].[2022-11-15]. https://wiki.swarma.org/index.php/%E7%A4%BE%E4%BC%9A%E7%B3%BB%E7%BB%9F.

[105] Haans R F J,Pieters C,He Z L. Thinking about U: Theorizing and testing U-and inverted U-shaped relationships in strategy research[J]. Strategic management journal,2016,37(7): 1177-1195.

[106] Goolsbee A,Levitt S,Syverson C. Microeconomics [M].杜丽群,等译.北京:机械

工业出版社，2016. Palgrave Macmillan Books，2016：226.

[107] Blumberg M，Pringle C D. The missing opportunity in organizational research：Some implications for a theory of work performance[J]. Academy of management Review，1982，7(4)：560-569.

[108] Appelbaum E，Bailey T，Berg P，et al. Manufacturing advantage：Why high performance work systems pay off[M]. Cornell University Press，2000.

[109] 李珲，丁刚. 员工创新行为的心理因素：基于 AMO 理论的整合研究[J]. 中国人力资源开发，2015 (7)：39-45.

[110] Armstrong C，Flood P C，Guthrie J P，et al. The impact of diversity and equality management on firm performance：Beyond high performance work systems[J]. Human Resource Management，2010，49(6)：977-998.

[111] Fu N，Flood P C，Bosak J，et al. Exploring the performance effect of HPWS on professional service supply chain management[J]. Supply Chain Management：An International Journal，2013，18(3)：292-307.

[112] 谢勇. 基于 AMO 模型的 FL 公司人力资源管理诊断与改进建议[D]. 四川：电子科技大学，2018.

[113] 陈其荣. 自然哲学[M]. 上海：复旦大学出版社，2004：224-226.

[114] 谷霞. 内在价值何以可能[D]. 天津：南开大学，2020.

[115] Krishnan H S，Chakravarti D. A process analysis of the effects of humorous advertising executions on brand claims memory [J]. Journal of consumer psychology，2003，13(3)：230-245.

[116] 中国大百科全书总委员会《环境科学》委员会. 中国大百科全书，环境科学[M]. 北京：中国大百科全书出版社，2002.

[117] 牛翠娟，娄安如，孙儒泳，等. 基础生态学(第 2 版)[M]. 上海：高等教育出版社，2007.

[118] Fragidis G，Mavridis A，Vontas A，et al. A proposed conceptual framework for the study of research ecosystems [C]. IEEE International Conference on Digital Ecosystems & Technologies. IEEE，2008.

[119] Pandey S C，Pattnaik P N. University research ecosystem：A conceptual understanding[J]. Review of Economic and Business Studies，2015，8(1)：169-181.

[120] Silva A R，GE Aviña，Tsao J Y. The Art of Research：Opportunities for a Science-Based Approach[C]. Springer International Publishing，2016.

[121] Mendesmoreira J，CátiaLaranjeira a，José Carvalho b，et al. Integrating a national network of institutional repositories into the national/international research management ecosystem[J]. Procedia Computer Science，2017，106：146-152.

[122] Haak L，Baker D，Probus M A. Creating a data infrastructure for tracking knowledge flow[C]. Proceedings of the 11th International Conference on Current Research Information Systems. Prague，2012：113-118.

[123] 邱高会,郭军.论我国科研活动体的层次性[J].科技管理研究,2004(5):93-95.
[124] 法约尔.工业管理与一般管理[M].北京:中国社会科学出版社,1982.
[125] 冷民,宋奇.让科研人员专心做研究[N].光明日报,2014-04-01(011).
[126] 梁毅.结构生物学[M].北京:科学出版社,2005.
[127] 冯契.哲学大词典[M].上海:上海辞书出版社,1990.
[128] 胡鹏飞.信息—物理空间融合中物理对象的自然属性建模[D].北京:北京科技大学,2018.
[129] 宋旭红,沈红.学术职业发展中的学术声望与学术创新[J].科学学与科学技术管理,2008,8:98-103.
[130] 社会属性[EB/OL].[2021-04-15].https://baike.baidu.com/item/%E7%A4%BE%E4%BC%9A%E5%B1%9E%E6%80%A7/8267873.
[131] 王孝哲.论人的社会属性[J].天府新论,2006 (1):27-29.
[132] Bertot J C, Mcclure C R. Outcomes Assessment in the Networked Environment: Research Questions, Issues, Considerations, and Moving Forward [J]. Library Trends, 2003, 51(4): 590-613.
[133] Rothschild M L. Carrots, sticks, and promises: A conceptual framework for the management of public health and social issue behaviors[J]. Journal of marketing, 1999, 63(4): 24-37.
[134] Durette B, Fournier M, Lafon M. The core competencies of PhDs[J]. Studies in Higher Education, 2016, 41(8): 1355-1370.
[135] Swank J M, Lambie G W. Development of the research competencies scale[J]. Measurement and Evaluation in Counseling and Development, 2016, 49(2): 91-108.
[136] Marie J. Postgraduate science research skills: the role of creativity, tacit knowledge, thought styles and language[J]. London Review of Education, 2008, 6(2): 149-158.
[137] McNie E C, Parris A, Sarewitz D. Improving the public value of science: A typology to inform discussion, design and implementation of research[J]. Research Policy, 2016, 45(4): 884-895.
[138] Ulrich W, Dash D P. Research skills for the future: Summary and critique of a comparative study in eight countries[J]. Journal of Research Practice, 2013, 9(1): 1-25.
[139] Thunnissen M, Van Arensbergen P. A multi-dimensional approach to talent: An empirical analysis of the definition of talent in Dutch academia[J]. Personnel Review, 2015, 44(2): 182-199.
[140] Rafols I, Leydesdorff L, O'Hare A, et al. How journal rankings can suppress interdisciplinary research: A comparison between Innovation Studies and Business & Management[J]. Research Policy, 2012, 41(7): 1262-1282.

[141] Guerrero Alba F, Martín Alcázar F, Sánchez Gardey G. Identifying the determinants of individual scientific performance: A perspective focused on AMO theory[J]. Intangible Capital, 2021, 17(2): 124-147.

[142] Siemsen E, Roth A V, Balasubramanian S. How motivation, opportunity, and ability drive knowledge sharing: The constraining-factor model[J]. Journal of Operations Management, 2008, 26(3): 426-445.

[143] Agasisti T, Catalano G, Landoni P, et al. Evaluating the performance of academic departments: An analysis of research-related output efficiency [J]. Research Evaluation, 2012, 21(1): 2-14.

[144] Schuelke-Leech B A. Resources and research: An empirical study of the influence of departmental research resources on individual STEM researchers involvement with industry[J]. Research Policy, 2013, 42(9): 1667-1678.

[145] Hicks D. Performance-based university research funding systems [J]. Research policy, 2012, 41(2): 251-261.

[146] Larivière V, Macaluso B, Archambault É, et al. Which scientific elites? On the concentration of research funds, publications and citations[J]. Research evaluation, 2010, 19(1): 45-53.

[147] White C S, James K, Burke L A, et al. What makes a "research star"? Factors influencing the research productivity of business faculty[J]. International Journal of Productivity and Performance Management, 2012, 61(6): 584-602.

[148] Carayol N, Matt M. Does research organization influence academic production?: Laboratory level evidence from a large European university[J]. Research Policy, 2004, 33(8): 1081-1102.

[149] Patrício L, Franco M. A systematic literature review about team diversity and team performance: Future lines of investigation [J]. Administrative Sciences, 2022, 12(1): 31.

[150] Barjak F, Robinson S. International collaboration, mobility and team diversity in the life sciences: impact on research performance[J]. Social geography, 2008, 3(1): 23-36.

[151] Çemberci M, Civelek M E, Gürol Y, et al. The Role of Network Learning Capability in the Relationship between Open Mindedness and Innovation Performance[J]. Postmodern Openings, 2021, 12(4): 18-41.

[152] Wang J, Peters H P, Guan J. Factors influencing knowledge productivity in German research groups: lessons for developing countries [J]. Journal of knowledge management, 2006, 10(4): 113-126.

[153] Mitchell T R. Motivation: New directions for theory, research, and practice[J]. Academy of management review, 1982, 7(1): 80-88.

[154] Kuo P B, Woo H, Bang N M. Advisory relationship as a moderator between research self-efficacy, motivation, and productivity among counselor education

doctoral students[J]. Counselor Education and Supervision,2017,56(2):130-144.

[155] Smith J L,Deemer E D,Thoman D B,et al. Motivation under the microscope: Understanding undergraduate science students' multiple motivations for research [J]. Motivation and emotion,2014,38:496-512.

[156] Wollersheim J,Lenz A,Welpe I M,et al. Me,myself,and my university:a multilevel analysis of individual and institutional determinants of academic performance[J]. Journal of Business Economics,2015,85:263-291.

[157] Deemer E D,Martens M P,Buboltz W C. Toward a tripartite model of research motivation:Development and initial validation of the Research Motivation Scale [J]. Journal of career assessment,2010,18(3):292-309.

[158] 李睿明. 基于动机、价值、质量的科学论文评价观[J]. 科学学研究,2008(5):921-926.

[159] 索传军,盖双双. 单篇学术论文的评价本质、问题及新视角分析[J]. 情报杂志,2018,37(6):102-107.

[160] 毕崇武,彭泽,沈雪莹,等. 知识扩散视域下知识单元的学术价值计量研究[J/OL]. 情报理论与实践,(2022-11-18)[2023-03-11]. http://kns. cnki. net/kcms/detail/11. 1762. g3. 20221116. 1702. 010. html.

[161] OECD. Oslo Manual 2018-Guidelines for Collecting,Reporting and Using Data on Innovation[R/OL]. (2018-10-22)[2022-11-23]. https://www. oecd-ilibrary. org/docserver/9789264304604-en. pdf? expires = 1681984380&id = id&accname = guest&checksum=D4D0D9835D7026EEF3CD61DEF1626959.

[162] Crossan M M,Apaydin M. A multi-dimensional framework of organizational innovation:A systematic review of the literature[J]. Journal of management studies,2010,47(6):1154-1191.

[163] 罗卓然,王玉琦,钱佳佳,等. 学术论文创新性评价研究综述[J]. 情报学报,2021,40(7):780-790.

[164] 索传军. 论学术评价的价值尺度——兼谈“唯论文”问题的根源[J]. 中国社会科学评价,2021,25(1):122-131+160.

[165] 李友谊. 人的属性结构和人性的样态结构——人性结构的二维透视[J]. 长沙大学学报,2006(1):69-71.

[166] 邢璐,孙健敏,尹奎,等. “过犹不及”效应及其作用机制[J]. 心理科学进展,2018,26(4):719-730.

[167] Aiken L S,West S G,Reno R R. Multiple regression:Testing and interpreting interactions[M]. Sage Publications,1991.

[168] Katz J S,Martin B R. What is research collaboration? [J]. Research Policy. 1997,26(1):1-18.

[169] Wagner C S. Six case studies of international collaboration in science [J]. Scientometrics. 2005,62(1):3-26.

[170] European Science Foundation. New concepts of researcher mobility—a comprehensive approach including combined/part-time positions[R/OL]. (2013-04-11)[2022-11-15]. http://archives. esf. org/uploads/media/spb49_ResearcherMobility. pdf.

[171] Yegros-Yegros A, Capponi G, Frenken K. Multiple-affiliation researchers as bridgebuilders in research systems[R/OL]. (2021-11-09)[2022-11-23]. https://www. leidenmadtrics. nl/articles/multiple-affiliation-researchers-as-bridgebuilders-in-research-systems.

[172] Long J S. Productivity and academic position in the scientific career[J]. American sociological review, 1978, 43(6): 889-908.

[173] Long J S, McGinnis R. Organizational context and scientific productivity[J]. American sociological review, 1981, 46(4): 422-442.

[174] Hottenrott H, Lawson C. A first look at multiple institutional affiliations: a study of authors in Germany, Japan and the UK[J]. Scientometrics, 2017, 111(1): 285-295.

[175] Hottenrott H, Rose M E, Lawson C. The Rise of Multiple Institutional Affiliations in Academia[J]. Journal of the Association for Information Science & Technology, 2021, 72(8): 1039-1058.

[176] Yegros-Yegros A, Capponi G, Frenken K. A spatial-institutional analysis of researchers with multiple affiliations[J]. PLoS One, 2021, 16(6): e0253462.

[177] Skrzypczak T, Michatowicz J, Hossa M, et al. Publication times in ophthalmology journals: the story of accepted manuscripts[J]. Cureus, 2021, 13(9): e17738.

[178] Sanfilippo P, Hewitt A W, Mackey D A. Plurality in multi-disciplinary research: multiple institutional affiliations are associated with increased citations[J]. PeerJ, 2018, 6: e5664.

[179] Zucker L G, Darby M R, Brewer M B, et al. Collaboration Structure and Information Dilemmas in Biotechnology: Organizational Boundaries as Trust Production[J]. Nber Working Papers, 1995.

[180] Zellmer-Bruhn M E. Interruptive events and team knowledge acquisition[J]. Management science, 2003, 49(4): 514-528.

[181] Ahuja G. Collaboration networks, structural holes, and innovation: A longitudinal study[J]. Administrative science quarterly, 2000, 45(3): 425-455.

[182] Narin F, Stevens K, Whitlow E S. Scientific co-operation in Europe and the citation of multinationally authored papers[J]. Scientometrics, 1991, 21: 313-323.

[183] Wagner C S, Jonkers K. Open countries have strong science[J]. Nature, 2017, 550(7674): 32-33.

[184] Wagner C S. International collaboration in science and technology: Promises and pitfalls[J]. Science and technology policy for development, dialogues at the interface, 2006: 165-176.

[185] Scarazzati S, Wang L. The effect of collaborations on scientific research output: the case of nanoscience in Chinese regions[J]. Scientometrics, 2019, 121(2): 839-868.

[186] Tong S, Shen Z, Chen F, et al. The novel utilization of paper-level classification system on the evaluation of journal impact: An update in CAS Journal Ranking [J]. arXiv e-prints, 2020: arXiv: 2006.05047.

[187] Pak C M, Yu G, Wang W. A study on the citation situation within the citing paper: citation distribution of references according to mention frequency [J]. Scientometrics, 2018, 114: 905-918.

[188] Bornmann L, Daniel H D. What do citation counts measure? A review of studies on citing behavior[J]. Journal of documentation, 2008, 64(1): 45-80.

[189] Didegah F, Thelwall M. Determinants of research citation impact in nanoscience and nanotechnology[J]. Journal of the American Society for Information Science and Technology, 2013, 64(5): 1055-1064.

[190] Evans J A. Electronic publication and the narrowing of science and scholarship[J]. Science, 2008, 321(5887): 395-399.

[191] Fox C W, Paine C E T, Sauterey B. Citations increase with manuscript length, author number, and references cited in ecology journals[J]. Ecology and Evolution, 2016, 6(21): 7717-7726.

[192] Boyack K W, Klavans R. Predicting the importance of current papers [C]. Proceedings of the 10th international conference of the international society for scientometrics and informetrics. Stockholm: Karolinska University Press, 2005, 1: 335-342.

[193] 姜磊，林德明. 参考文献对论文被引频次的影响研究[J]. 科研管理，2015，36(1)：121-126.

[194] Mammola S, Fontaneto D, Martínez A, et al. Impact of the reference list features on the number of citations[J]. Scientometrics, 2021, 126: 785-799.

[195] Peters H P F, van RaanA F J. On determinants of citation scores: A case study in chemical engineering[J]. Journal of the American Society for Information Science, 1994, 45(1): 39-49.

[196] Onodera N, Yoshikane F. Factors affecting citation rates of research articles[J]. Journal of the Association for Information Science and Technology, 2015, 66(4): 739-764.

[197] Nerkar A. Old is gold? The value of temporal exploration in the creation of new knowledge[J]. Management science, 2003, 49(2): 211-229.

[198] Liang G, Hou H, Ding Y, et al. Knowledge recency to the birth of Nobel Prize-winning articles: Gender, career stage, and country[J]. Journal of Informetrics, 2020, 14(3): 101053.

[199] Mukherjee S, Romero D M, Jones B, et al. The nearly universal link between the

age of past knowledge and tomorrow's breakthroughs in science and technology: The hotspot[J]. Science advances,2017,3(4): e1601315.

[200] Egghe L, Rao I, Rousseau R. On the influence of production on utilization functions: Obsolescence or increased use? [J]. Scientometrics, 1995, 34 (2): 285-315.

[201] Wang D, Song C, Barabási A L. Quantifying long-term scientific impact [J]. Science,2013,342(6154): 127-132.

[202] 李建忠,俞立平,张再杰. 国内学术期刊载文量持续下降现象分析——以图书馆、情报与文献学期刊为例[J]. 情报杂志,2020,39(2): 176-182.

[203] Elizee P K,Ghassab R K,Raoofi A,et al. The more publication,the higher impact factor: citation analysis of top nine gastroenterology and hepatology journals[J]. Hepatitis Monthly,2012,12(12): e8467.

[204] Bain C R,Myles P S. Relationship between journal impact factor and levels of evidence in anaesthesia[J]. Anaesthesia and intensive care,2005,33(5): 567-570.

[205] Zhang T. Will the increase in publication volumes "dilute" prestigious journals' impact factors? A trend analysis of the FT50 journals[J]. Scientometrics,2021,126(1): 863-869.

[206] 王群英,林耀明. 影响因子、总被引频次与期刊载文量的关系研究——以资源、生态、地理方面的8个期刊为例[J]. 中国科技期刊研究,2012,23(1): 76-79.

[207] 黄明睿. 载文量对科技期刊影响力评价的影响[J]. 中国科技期刊研究,2015,26(7): 749-757.

[208] Bonaccorsi A,Daraio C. Age effects in scientific productivity[J]. Scientometrics,2003,58(1): 49-90.

[209] Lind J T,Mehlum H. With or without U? The appropriate test for a U-shaped relationship[J]. Oxford bulletin of economics and statistics,2010,72(1): 109-118.

[210] Simonsohn U. Two lines: A valid alternative to the invalid testing of U-shaped relationships with quadratic regressions[J]. Advances in Methods and Practices in Psychological Science,2018,1(4): 538-555.

附录

附录一　不同隶属机构数量科研人员学术影响力 K-S 检验结果

学科	隶属机构 1—隶属机构 2/3		隶属机构 2/3—隶属机构 4/5	
	D	*P*	*D*	*P*
全部	0.166	0.000	0.177	0.002
农业、环境与生态	0.105	0.007	0.456	0.035
化学	0.142	0.000	0.540	0.007
临床与生命科学	0.212	0.000	0.164	0.483
地球科学	0.250	0.000	0.401	0.043
电气工程、电子和计算机科学	0.150	0.004	0.490	0.000
工程与材料科学	0.155	0.006	0.249	0.120
数学	0.141	0.003	0.334	0.000
物理学	0.109	0.242	0.249	0.069
社会科学	0.173	0.004	0.248	0.039

附录二　不同超越指数国家国际合作参与度抽样比例检验结果

学科	"上升"国家—"顶点"国家		"顶点"国家—"下降"国家	
	DIFF	*P*	DIFF	*P*
农业、环境与生态	−0.549	0.000	0.302	0.000
化学	−0.507	0.000	0.225	0.000

续表

学科	“上升”国家—“顶点”国家		“顶点”国家—“下降”国家	
	DIFF	***P***	**DIFF**	***P***
临床与生命科学	－0.575	0.000	0.403	0.000
地球科学	－0.522	0.000	0.288	0.000
电气工程、电子和计算机科学	－0.456	0.000	0.216	0.000
工程与材料科学	－0.465	0.000	0.199	0.000
数学	－0.470	0.000	0.301	0.000
物理学	－0.572	0.000	0.273	0.000
社会科学	－0.287	0.000	0.356	0.000

注：“上升”国家指超越指数处于倒U型曲线“上升阶段”的某国家；“顶点”国家指超越指数处于倒U型曲线“顶点”的某国家；“下降”国家指超越指数处于倒U型曲线“下降阶段”的某国家。

附录三　不同参考文献年龄区间高被引论文产出率抽样比例检验结果

学科	“上升”论文—“顶点”论文		“顶点”论文—“下降”论文	
	DIFF	***P***	**DIFF**	***P***
全部	－0.010	0.000	0.010	0.000
材料科学	－0.039	0.000	0.039	0.000
地学、环境和生态	－0.043	0.000	0.026	0.001
工程技术与计算机科学	－0.027	0.000	0.015	0.000
化学	－0.033	0.067	0.031	0.000
空间科学	－0.032	0.375	0.027	0.000
农业科学	－0.033	0.036	0.020	0.012
生物学	－0.026	0.000	0.017	0.000
数学	－0.055	0.050	0.037	0.033
物理学	－0.037	0.000	0.024	0.010
医学	－0.011	0.000	0.005	0.000
社会科学	－0.015	0.000	0.007	0.004
综合性期刊	－0.071	0.000	0.049	0.000

注：“上升”论文指参考文献年龄处于倒U型曲线“上升阶段”某区间的论文；“顶点”论文指参考文献年龄处于倒U型曲线“顶点”区间的论文；“下降”论文指参考文献年龄处于倒U型曲线“下降阶段”某区间的论文。

附录四　不同超越指数区间期刊载文量 K-S 检验结果

学科	"上升"期刊—"顶点"期刊		"顶点"期刊—"下降"期刊	
	D	***P***	***D***	***P***
全部	0.353	0.000	0.150	0.017
材料科学	0.442	0.000	0.429	0.234
地球科学	0.545	0.000	0.409	0.571
工程技术	0.559	0.000	0.750	0.100
化学	0.607	0.000	0.548	0.078
计算机科学	0.730	0.000	0.938	0.007
农林科学	0.736	0.000	0.458	0.128
社会科学	0.362	0.000	0.564	0.001
生物学	0.604	0.000	0.396	0.306
数学	0.539	0.363	0.848	0.030
物理与天体物理	0.499	0.000	0.577	0.056
医学	0.450	0.000	0.173	0.094

注 1："上升"期刊指超越指数处于倒 U 型曲线"上升阶段"某区间的期刊；"顶点"期刊指超越指数处于倒 U 型曲线"顶点"区间的期刊；"下降"期刊指超越指数处于倒 U 型曲线"下降阶段"某区间的期刊。

注 2："环境科学和生态学""综合性期刊"两个学科期刊学术影响力与载文量之间基本呈线性相关关系，故未做显著性检验。